# 地球上的爆笑历史

## 洞穴人、航海和奇妙万物的一天

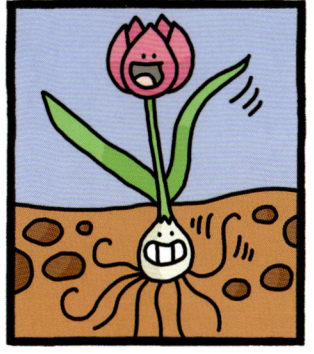

[英] 迈克·巴菲尔德 著
[英] 杰丝·布拉德利 绘
满易 译

中信出版集团 | 北京

A Day in the Life of a Caveman, a Queen and Everything In Between
First published in Great Britain in 2021 by Buster Books, an imprint of Michael O'Mara Books Limited
Text and layout © Mike Barfield 2021
Illustrations copyright © Buster Books 2021
The simplified Chinese translation rights arranged through Rightol Media（本书中文简体版权经由锐拓传媒旗下小锐取得
Email:copyright@rightol.com）
Simplified Chinese translation copyright © 2023 by CITIC Press Corporation
Text and illustrations have been amended for the Chinese edition from the original by CITIC Press Corporation.
ALL RIGHTS RESERVED

本书仅限中国大陆地区发行销售

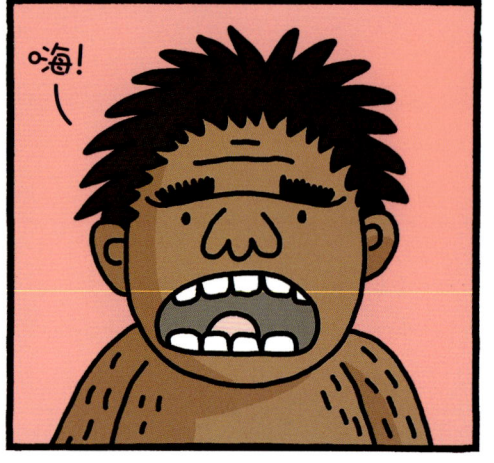

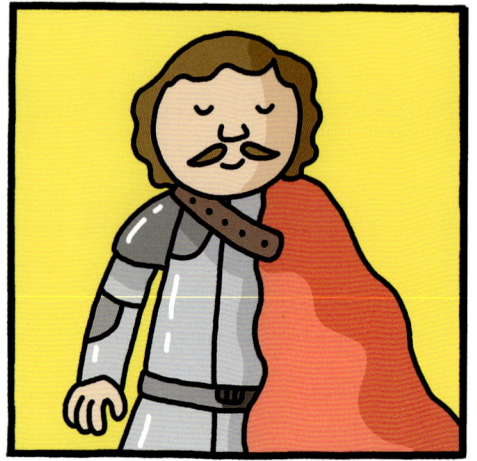

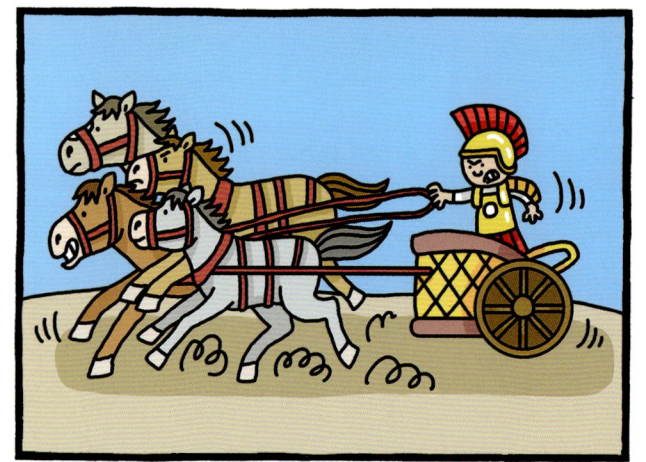

### 图书在版编目（CIP）数据

地球上的爆笑历史：洞穴人、航海和奇妙万物的一天/（英）迈克·巴菲尔德著；（英）杰丝·布拉德利绘；满易译. -- 北京：中信出版社，2023.5
书名原文：A Day in the Life of a Caveman, a Queen and Everything In Between
ISBN 978-7-5217-5296-0

Ⅰ.①地… Ⅱ.①迈… ②杰… ③满… Ⅲ.①世界史-通俗读物 Ⅳ.① K109

中国国家版本馆 CIP 数据核字 (2023) 第 023379 号

**地球上的爆笑历史：洞穴人、航海和奇妙万物的一天**

著　者：［英］迈克·巴菲尔德
绘　者：［英］杰丝·布拉德利
译　者：满易
出版发行：中信出版集团股份有限公司
　　　　（北京市朝阳区东三环北路27号嘉铭中心　邮编　100020）
承　印　者：北京联兴盛业印刷股份有限公司

开　本：889mm×1194mm 1/16　印　张：8　字　数：200千字
版　次：2023年5月第1版　印　次：2023年5月第1次印刷
京权图字：01-2022-2924　审　图　号：GS（2023）789号
书　号：ISBN 978-7-5217-5296-0
定　价：78.00元

版权所有·侵权必究
如有印刷、装订问题，本公司负责调换。
服务热线：400-600-8099
投稿邮箱：author@citicpub.com

献给我历来最喜爱的历史学家杰西卡——迈克·巴菲尔德
献给我可爱的小捣蛋鬼杰克——杰丝·布拉德利

# 目录

| | |
|---|---|
| 在世界的哪个角落？ | 4 |
| 引言 | 6 |
| 古代史 | 7 |
| 直立人 | 8 |
| 尼安德特人 | 9 |
| 洞穴人 | 10 |
| 神奇的野兽 | 11 |
| 长毛象的秘密日记 | 12 |
| 新闻速递 | 14 |
| 农夫 | 15 |
| 轮子 | 16 |
| 屹立之石 | 17 |
| 印度河细菌群 | 18 |
| 巨冢雉 | 19 |
| 古埃及法老 | 20 |
| 书写之物 | 21 |
| 埃及猫的秘密日记 | 22 |
| 新闻速递 | 24 |
| 大羊驼 | 25 |
| 巨石头像 | 26 |
| 无纹陶器 | 27 |
| 希腊陶瓶 | 28 |
| 明星雕塑 | 29 |
| 奥林匹亚竞技者 | 30 |

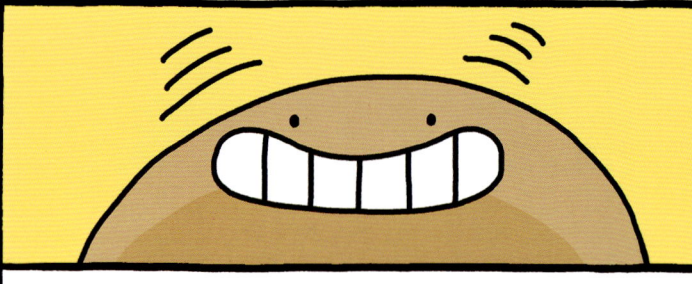

| | |
|---|---|
| 历史学家 | 31 |
| 面具工匠的秘密日记 | 32 |
| 古希腊哲学家 | 34 |
| 新闻速递 | 35 |
| 中国皇帝 | 36 |
| 黏土奇迹 | 37 |
| 染料骨螺 | 38 |
| 战象 | 39 |
| 角斗士 | 40 |
| 格斗学校 | 41 |
| 庞贝房屋的秘密日记 | 42 |
| 丝路骆驼 | 44 |
| 丝绸之路路线图 | 45 |
| 罗马雕像 | 46 |
| 中世纪 | 47 |
| 赛马 | 48 |
| 金箔 | 49 |
| 安第斯神鹫 | 50 |
| 玛雅可可豆 | 51 |
| 古不列颠人 | 52 |
| 神奇的头盔 | 53 |
| 维京人的秘密日记 | 54 |
| 女皇帝 | 56 |
| 伟大的发明 | 57 |
| 中世纪僧侣 | 58 |
| 新闻速递 | 59 |

| | |
|---|---|
| 两只青铜碗 | 60 |
| 沙岩石 | 61 |
| 挂毯工匠的秘密日记 | 62 |
| 自动机械大师 | 64 |
| 死掉的绵羊 | 65 |
| 蒙古可汗 | 66 |
| 毛利定居者 | 67 |
| 信天翁 | 68 |
| 新闻速递 | 69 |
| 武士刀 | 70 |
| 皂石鸟 | 71 |
| 阿兹特克头骨 | 72 |
| 厄运神庙 | 73 |
| 瘟疫传播者 | 74 |
| 批量印刷 | 75 |
| 橄榄形的世界 | 76 |
| 伟大的航海家 | 78 |

## 近现代史　79

| | |
|---|---|
| 一块木板的秘密日记 | 80 |
| 印加农夫 | 82 |
| 地图制图大师 | 83 |
| 女王陛下 | 84 |
| 娱乐时间 | 85 |
| 莫卧儿艺术家 | 86 |
| 新闻速递 | 87 |
| 波瓦坦酋长 | 88 |
| 不速之客 | 89 |
| 天文学家 | 90 |
| 郁金香 | 91 |
| 猫咪的秘密日记 | 92 |
| 新闻速递 | 94 |
| 海盗旗 | 95 |
| 俄国大胡子 | 96 |
| 叶卡捷琳娜大帝 | 97 |
| 被砍下的头颅 | 98 |
| 船上的猫 | 99 |
| 新闻速递 | 100 |
| 化石燃料 | 101 |
| 富士山 | 102 |
| 象龟 | 103 |
| 指引之星 | 104 |
| 悲惨的贩奴运动 | 105 |
| 微生物 | 106 |
| 面向未来 | 107 |
| 新闻速递 | 108 |
| 白色山茶花 | 109 |
| 战犬的秘密日记 | 110 |
| 电影剧作家 | 112 |
| 一瓶鸡汤 | 113 |
| 字母 "V" | 114 |
| 战争与和平 | 115 |
| 一支粉笔 | 116 |
| 美国黑人民权运动 | 117 |
| "海鸥" | 118 |
| 智能手机 | 119 |
| 碳原子 | 120 |
| 未来 | 121 |

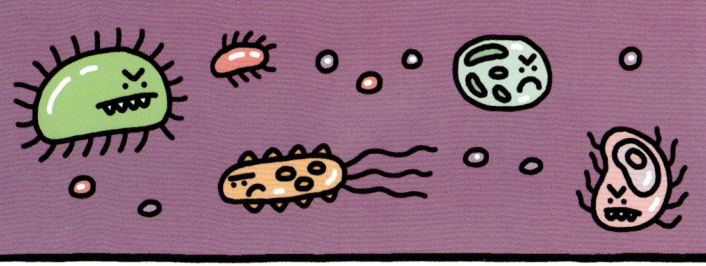

## 词语表　122
## 关于作者　125

## 在世界的哪个角落？

这幅地图标示了书中提到的所有国家。
如果你不清楚某个小故事发生在哪儿的话，
就查阅这幅地图吧。

美国

巴哈马

墨西哥

牙买加

科隆群岛
（加拉帕戈斯群岛）
（厄）

厄瓜多尔

秘鲁

复活节岛
（智）

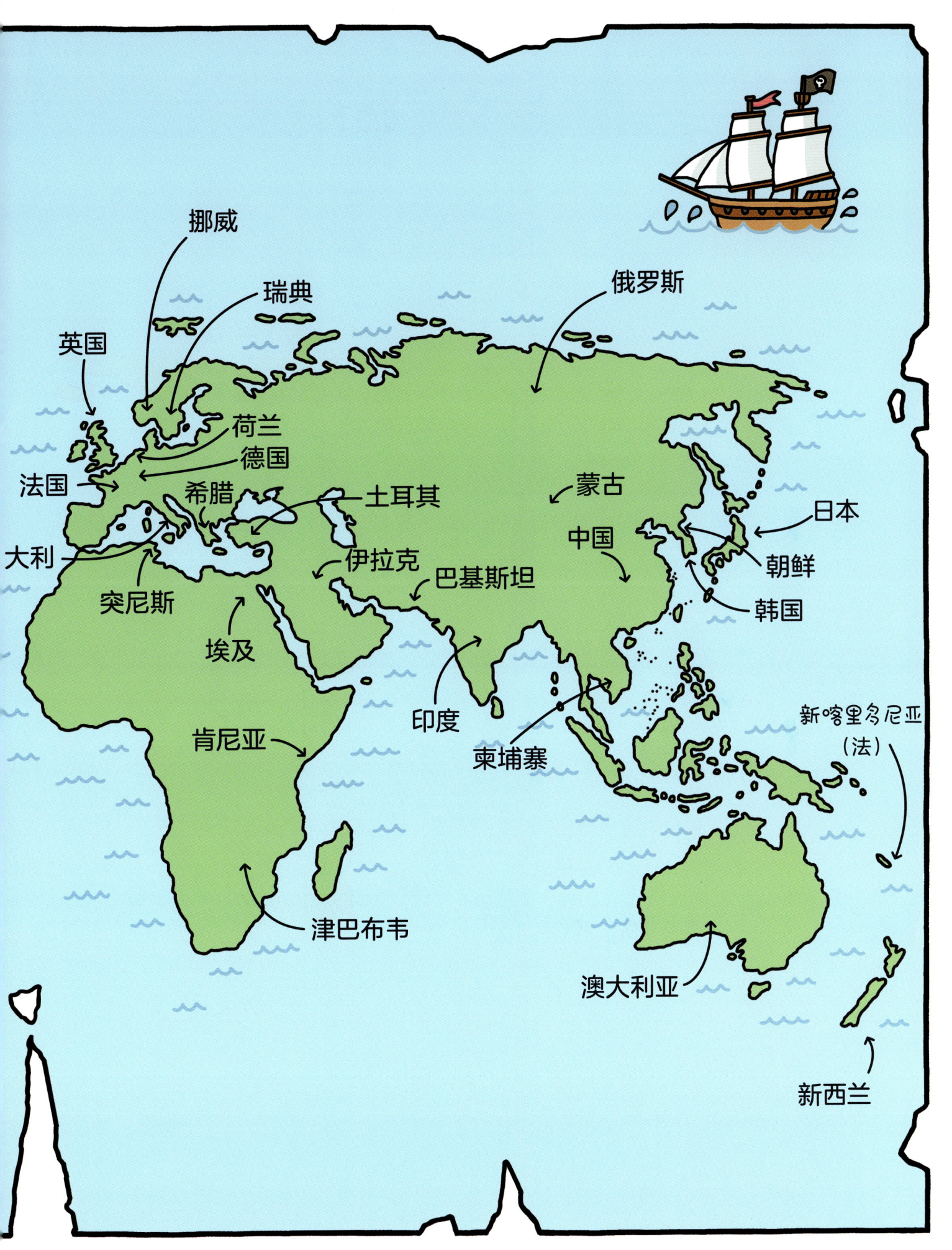

挪威
瑞典
英国
俄罗斯
荷兰
德国
法国
希腊
土耳其
蒙古
日本
意大利
中国
朝鲜
突尼斯
伊拉克
韩国
埃及
巴基斯坦
肯尼亚
印度
新喀里多尼亚（法）
柬埔寨
津巴布韦
澳大利亚
新西兰

# 引言

欢迎翻开这本《地球上的爆笑历史：洞穴人、航海和奇妙万物的一天》，它将以一种前所未有的方式带你开启奇妙历史之旅。

本书分为古代史、中世纪和近现代史三个部分。如果你一直想知道世界上第一个车轮是如何发明的，庞贝古城房子的生活是怎样的，以及科隆群岛上的象龟对查尔斯·达尔文有什么看法，那就来书中寻找答案吧！

在本书中，"奇妙万物的一天"漫画带你一窥不同的历史节点；"拓展知识"栏目给你提供更多的相关信息；"秘密日记"部分让你见识不同领域的内幕；"新闻速递"部分则告诉你当时世界上正发生的其他事件。

在本书末尾，你还能找到一份"词语表"，它会帮你把阅读过程中遇到的难以理解的词语解释清楚。

那么，你还在等什么呢？快快开启阅读之旅吧！时间可不等人哟！

# 古代史

通常认为，地球大约诞生于46亿年前，很久以后地球上出现了生命。但是直到大约600万年前，在恐龙灭绝很久很久以后，人类最初的祖先才在非洲大陆上出现。随着远古人类不断进化，我们的史前人类祖先依靠自己的双脚分散到地球的各个角落。

在没有文字记载的情况下，我们对于远古的了解都来自古老的遗留物和考古学家的工作。许多古代史迄今仍然是个谜。现在，让我们一起来探个究竟吧！

## 公元前与公元

公元，全称"公历纪元"，是国际通行的纪年体系。它以传说中耶稣基督生年为公历元年，常以A.D.（拉丁语Anno Domini的缩写，意为"主的生年"）表示。公元前则以B.C.（英语Before Christ的缩写，意为"基督以前"）表示。欧洲信仰基督教的国家最先使用公元纪年，现已为世界多数国家采用。

## 奇妙万物的一天: 直立人

你好！欢迎来到150万年前的非洲肯尼亚。

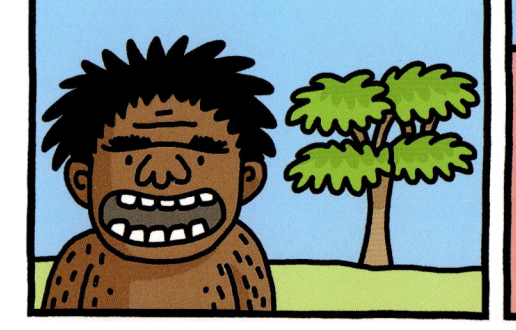

我是直立人，是早期人类之一。

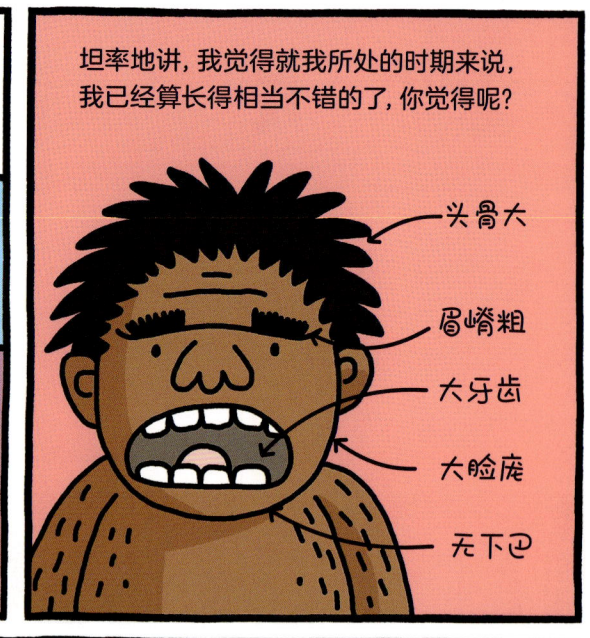

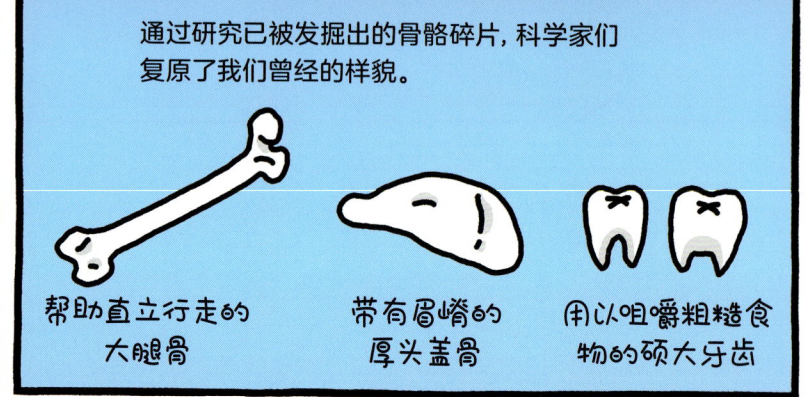

我 直立人 / 你们 智人

坦率地讲，我觉得就我所处的时期来说，我已经算长得相当不错的了，你觉得呢？
- 头骨大
- 眉嵴粗
- 大牙齿
- 大脸庞
- 无下巴

"直立人"意味着我们可以直立行走。这是因为我们这个种群可以仅依靠两条腿走路，而不像这些猿一样，只能用四条腿走路。

我们又不是没试过！

说得太夸张了吧！

通过研究已被发掘出的骨骼碎片，科学家们复原了我们曾经的样貌。

帮助直立行走的大腿骨 / 带有眉嵴的厚头盖骨 / 用以咀嚼粗糙食物的硕大牙齿

多亏了这双大长腿，我们可以追逐动物获取肉食。

快回来！ / 想得美！

我们切肉就用这种新发明的了不起的工具……

石斧！

咳！你的早过时了！

尖利无比

不过，迄今为止，我们最棒的发明是生火！火把我的心里烤得暖洋洋的。

嘿！我们打算走出非洲，去往欧洲和亚洲，你来不来？

不好意思，我觉得我们不应该去。

为什么呀？

因为我们啥也没穿！

直立人或许不穿衣物。

# 尼安德特人

**奇妙万物的一天**

嘿人类！还记得我们吗？

嗨！ 嗨！ 呃！

噢！你肯定记得！我们曾经还是邻居呢！

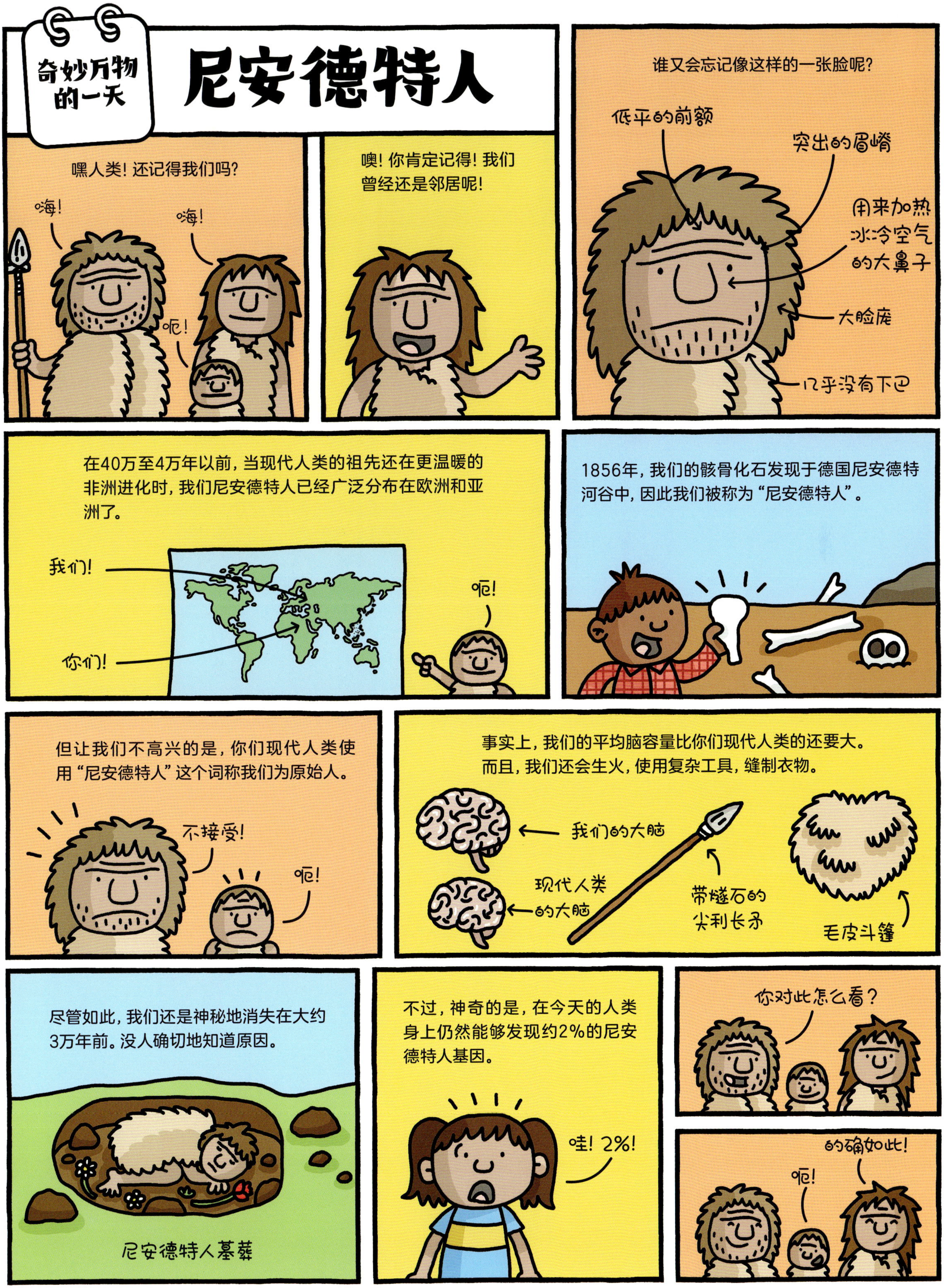

谁又会忘记像这样的一张脸呢？
- 低平的前额
- 突出的眉嵴
- 用来加热冰冷空气的大鼻子
- 大脸庞
- 几乎没有下巴

在40万至4万年以前，当现代人类的祖先还在更温暖的非洲进化时，我们尼安德特人已经广泛分布在欧洲和亚洲了。

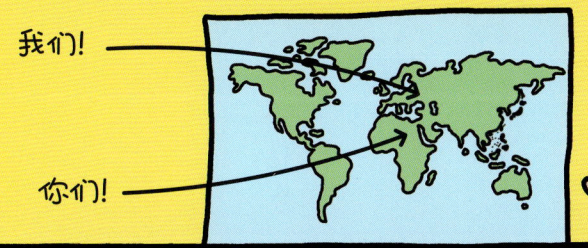

我们！ 你们！ 呃！

1856年，我们的骸骨化石发现于德国尼安德特河谷中，因此我们被称为"尼安德特人"。

但让我们不高兴的是，你们现代人类使用"尼安德特人"这个词称我们为原始人。

不接受！ 呃！

事实上，我们的平均脑容量比你们现代人类的还要大。而且，我们还会生火，使用复杂工具，缝制衣物。

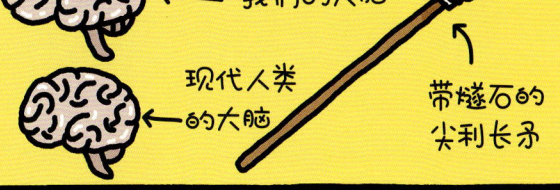

我们的大脑 现代人类的大脑 带燧石的尖利长矛 毛皮斗篷

尽管如此，我们还是神秘地消失在大约3万年前。没人确切地知道原因。

尼安德特人墓葬

不过，神奇的是，在今天的人类身上仍然能够发现约2%的尼安德特人基因。

哇！2%！

你对此怎么看？

的确如此！ 呃！

# 洞穴人

**奇妙万物的一天**

你好！亲爱的人类朋友，欢迎来到大约3万年前你们现在称为法国的地方。

随着尼安德特人的消亡，我们现在是仅存的最后一支人类分支了。

噢，真可怕！

我们的模样与尼安德特人有所不同。
- 更圆的颅骨
- 高额头，没有眉嵴
- 更小的脸庞和鼻子
- 有下巴
- 缝制的御寒毛皮外衣
- 体骨偏瘦弱

我们被称为"智人"，也就是"智慧的人"。

砍！

石斧

木头

嗯，好吧。

哎呀！我的大拇指！

当时的石器依然是最先进的工具。

许多早期的人类都居住在洞穴里，常常与可怕的野兽待在一起，这也是我们的称呼"洞穴人"的由来。不过，我们可不仅仅是"洞穴人"哟……

这儿有点儿挤啦！

事实上，我是一名洞穴艺术家！

这些是我创作的手工艺品。先在手上涂上染料，然后把手拍在洞壁上，就形成了这些手印。

我们还会画大型的野兽，像是披毛犀和马。

不过，你们可能会想，我们为什么要画这些呢？这个嘛……

啪！

哎呀！

恐怕你们一时半会儿还得继续蒙在鼓里，因为迄今没有人知道答案！

| 拓展知识 | # 神奇的野兽 |

早期人类创作的洞穴壁画是我们拥有的唯一证据，它们证明了一些已消失很久的动物曾经的模样。这些动物现在都已不幸灭绝，不过在欧洲各地的洞穴壁上可以发现它们的身影。

## 大型猫科动物

洞狮在大约1.3万年前就已灭绝了，它们当时与早期人类共同生活在洞穴中。啊呀呀！

## 巨牛

原牛是野生牛的一种，已于17世纪灭绝。

## 古犀

披毛犀在1万多年前曾存在于欧亚大陆。这种古犀的腰部可能长着一绺黑色的皮毛。

## 古麋鹿

画中精美的鹿角属于一只古爱尔兰麋鹿，这是一种大型鹿科动物，已于7 000年前灭绝。

## 神奇的野兽

这头奇怪的斑点兽到底是什么动物，迄今仍然是个谜。这幅画于1.7万年前绘于法国拉斯科的一处洞穴中。今天的人们称它为"独角兽"，但它其实有两只角！

# 长毛象的秘密日记

蒂娜是长毛象大家族中的一员，生活在距今12 000年前的俄罗斯。以下是它的日记。

*小小的我*

## 第一天

呼！聊聊冰期吧。今天可太冷了！幸好我有着长长的、毛茸茸的棕色双层毛皮外套，我的大长牙还可以帮我扫走美味的青草上面的积雪。我也暗自高兴，屁股后面的厚实皮毛可以让我始终保持温暖。没有哪个长毛象会想要一个冰冻的屁股，对吧？

*美味的青草*

## 第二天

我的牙齿！我正和象群一块儿觅食，突然我的一颗大磨牙掉了。我共有四颗大磨牙。在我用尖尖的象牙把青草卷起来后，全靠这些大磨牙来研磨。这时，我突然想到，在我们长达60年的一生中，会长六副牙齿。咳！我在想，要是有长毛象牙齿精灵的话，我的大磨牙可就值钱了*！

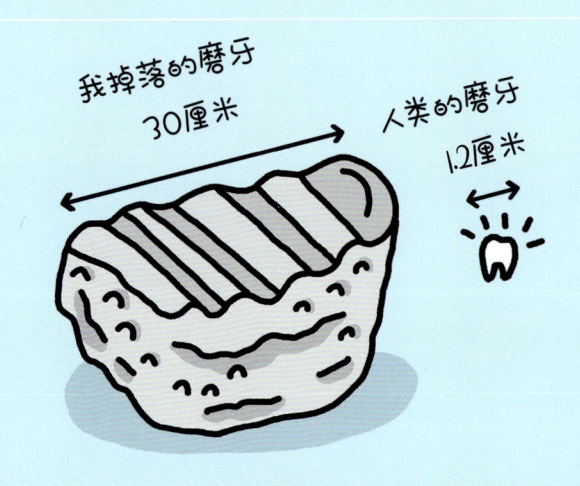

*我掉落的磨牙 30厘米*
*人类的磨牙 1.2厘米*

*传说中，牙齿精灵会收购孩子们换下来的乳牙。——编者注

### 第三天

今天,带领我们象群的雌象米米称我为"胖脖子"。这可真是莫大的称赞,弄得我脸都红了。我们长毛象都会在脑袋后的隆起处储存脂肪,这可以帮助我们在食物稀缺的冬天御寒保暖。没有谁会喜欢一头瘦骨嶙峋的长毛象的!

我可爱的隆起

### 第四天

今天的天气热得令人担心。这种天气对于披着厚厚皮毛的长毛象来说可不友好。象群里有同伴咕哝着,这是气候变化,有朝一日会让长毛象灭绝的。幸亏米米用象牙撞了他一下,让他闭了嘴。谢天谢地!

### 第五天

那些矮小的人类有时候十分烦人。今天,他们中的一些人手持长矛,想要伏击我。我曾听说过一些风言风语,说他们会用我们的骨头和毛皮建造住所,还会用我们的象牙制造工具。所幸我一看见他们过来就逃走了。我毛茸茸的皮毛或许很杂乱,但我的脑子可不笨。再见了,傻瓜们!

我

人类犯了一个巨大的错误

# 新闻速递

来看看早期人类进化过程中的内幕吧!

## 智人赢了

随着尼安德特人的灭绝,智人(也就是我们)显然成了人类生存大比拼的赢家。

## 定居

农业发展于公元前9500年左右。人类不再为了狩猎而四处迁徙,开始定居下来,这就是文明的开端。最早的文明发源于古埃及和美索不达米亚等地。

## 难以置信的重大发明

早期的人类从没停下创造发明的脚步。从弓箭到农业、陶器、编织、宗教仪式,不一而足。人类还修建石头建筑,比如位于韩国的支石墓,以及法国卡纳克的巨石阵。

约有3000块巨石矗立在法国卡纳克地区,可追溯至公元前4500年至前3300年。

## 沐浴时光

在今巴基斯坦境内的印度河流域,一种以水源和卫生为核心的文明发展了起来。可惜该文明已于公元前1700年左右消亡。

## 更先进的文明

金属工具的发明意味着人们可以更熟练地加工石器和木材。早期人类的书写形式,比如象形文字,也为我们提供了人类最初的真实历史记录,不过前提是这些符号能被破解。

两只猫头鹰?那叫声得有多大!

# 奇妙万物的一天：农夫

**你好！现在是公元前4000年左右，欢迎来到美索不达米亚平原的苏美尔。我是一名早期的农夫。**

**这会儿还早着呢，天才刚刚亮。白天天气会非常热，所以我们得早点儿开始劳动。**

热啊！

**在农耕出现以前，我们不得不在野外采集和捕猎，因此被后人称为"采猎者"。**

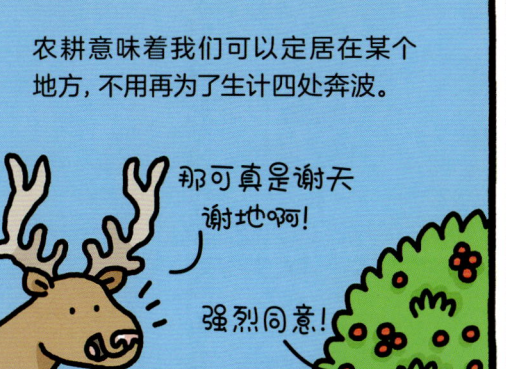

— 我猜你是一个猎人。
— 不，我是一名采猎者！

**农耕意味着我们可以定居在某个地方，不用再为了生计四处奔波。**

— 那可真是谢天谢地啊！
— 强烈同意！

**这些是我们最早养殖的一些东西……**

橄榄　绵羊　枣　葡萄　水疱（太辛苦了）

**大麦也是一种十分重要的谷物。它是由野生大麦演化而来的。**

别吃掉我！我可是有重大价值的！

**我们用大麦做面包、酿啤酒。**

**这里十分炎热干燥……**

也给我们来杯冷饮吧！

**所以，我们发明了一种引河水入田的方法，也就是灌溉系统。**

啊，这下可好多了！

**此外，我们还发明了犁具和养鱼的方法。**

早期的犁具

**我还不清楚我们是否已经摸清了最后那条鱼的底细……**

15

## 奇妙万物的一天 — 轮子

嘿！有没有觉得你一生就是在兜圈子？

我刚好就是这样！

我是装在一辆马车上的一只木头轮子，飞奔在公元前3000年左右的美索不达米亚平原。美索不达米亚是幼发拉底河和底格里斯河之间的一处平原，在现今的叙利亚东部和伊拉克境内。人类在这里建起了史上第一批城镇。

嘚 嘚！

我也是！

地中海 · 塞浦路斯 · 美索不达米亚 · 底格里斯河 · 幼发拉底河 · 北非

作为一只早期的轮子，我构造简单，只是由两块半圆形的木块拼合而成，中间安装有一个轮轴。

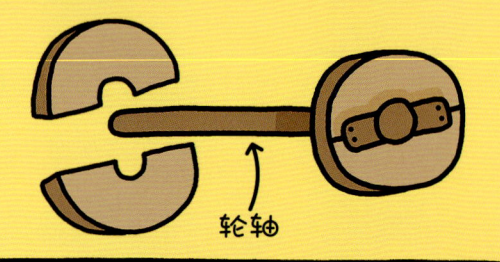

轮轴

尽管构造简单，我仍然是一个革命性的创造，明白吗？

呃，不是很明白。

出于某些原因，人类花了很长时间才发明了我们。

一开始，轮子可能是做陶罐用的。

陶罐

想不想来转圈圈呀？

或许更早的时候就有人萌生了这种想法，让我们轮子四处滚着走。迄今已知最早的轮子发现于斯洛文尼亚。

我有5150岁了！

老实说，我不太在乎是谁最先想到发明我们的。

我只是希望人类也能尽早发明轮胎——磕在这些小石子上面可疼了！

嗷！

太颠了！

# 屹立之石

**奇妙万物的一天**

嗨！现在是公元前2100年左右，欢迎来到英国索尔兹伯里平原。我是著名的石头家族的一员。

巨石阵！

巨石阵英文名中的"henge"是一个古英语词汇，意思是"围栏"。老实说，这个词还挺适合我的。

高4米 ← 宽2米 →

嘿！

像我们这种竖立的巨石叫"石柱"，上面横着的这个懒惰的傻大个被称为"石楣"。

我得说，头顶着22 000公斤的重量在这里站上数千年可一点儿也不好玩。

这又不是我的错！

哼！这家伙可真是铁石心肠……

原先我躺在30公里开外的一个采石场，是大型砂岩层的一分子。那会儿的我可开心多了。

哎！呜！好痛啊！

新石器时期的人类使用燧石斧和三角楔将我凿成了现在的样子。那可简直是头痛欲裂啊！

在那之后，我竟浑然不知我如何（以及为何）来到了这片多风的平原……

而这对现在的考古学家而言也一直是个谜。

我们只知道，朝阳会每年两次在踵石上方升起。

踵石

别担心，伙伴们，我会搞定它！

看来冬天到了……最好再多穿点儿！

巨石阵或许曾被用作一个大型计时工具，来追踪太阳活动的轨迹。

# 印度河细菌群

*奇妙万物的一天*

唔！我是一个令人生厌的微生物，正在现今巴基斯坦境内印度河谷的一条阴沟里游荡。

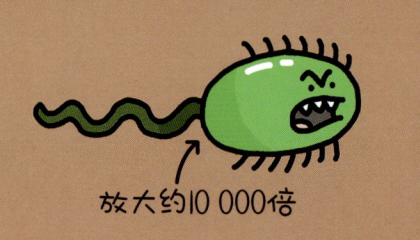

放大约10 000倍

这会儿大约是公元前2000年，有件事情正困扰着我们这些有害菌群。

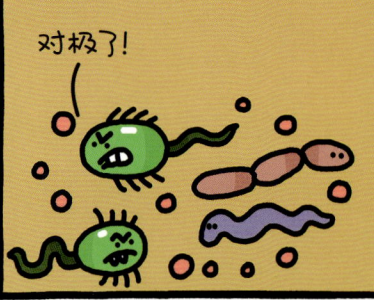

对极了！

我们所在的这座城市就是各种微生物的噩梦！

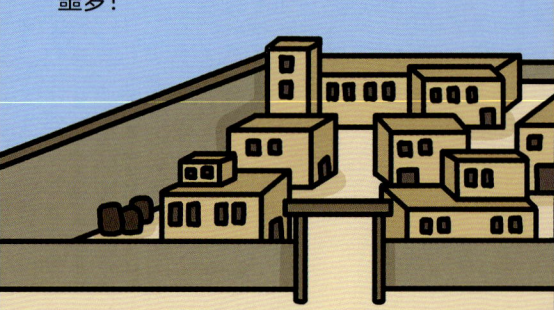

摩亨佐·达罗古城由砖砌建筑构成，组成了规整的网格状。曾经有大约4万人居住在此。

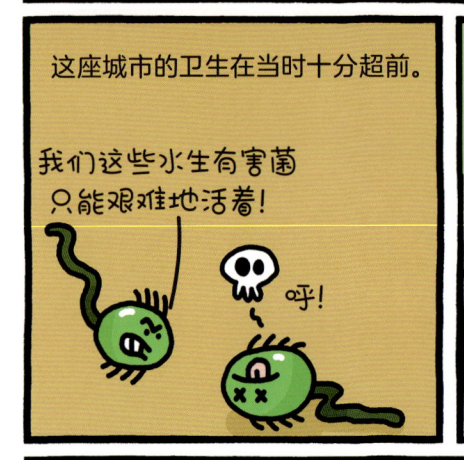

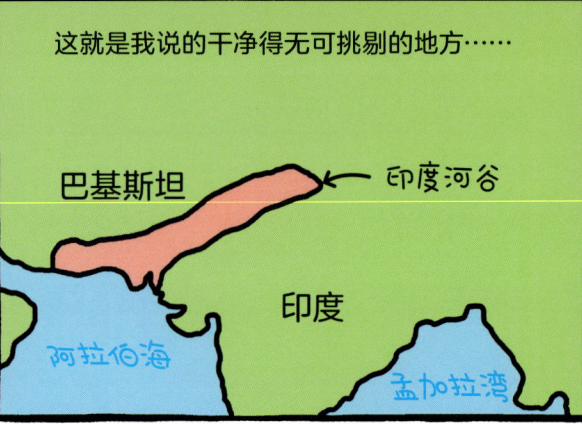

这座城市的卫生在当时十分超前。

我们这些水生有害菌只能艰难地活着！

呼！

这就是我说的干净得无可挑剔的地方……

巴基斯坦　印度河谷　印度　阿拉伯海　孟加拉湾

居住在这里的人们十分爱干净，太恐怖了。

我们不会和脏东西共同沐浴的！

人们还修建了大型公共浴场。

每天晚上都是沐浴之夜！

我把我的小鸭子也带过来了！

嘎！

光是这一座城市就有700处水井，供应清洁的用水……

值得一看的水井……

并且家家户户都有厕所。

给我点儿隐私好不好？

不仅如此，人们如厕后都会用一罐干净的水进行清洁。

我们要去未知的世界了！

厕所的粪便会稳妥地掉进砖砌的封闭下水管道。

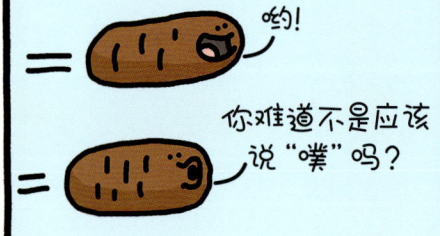

哟！

你难道不是应该说"噗"吗？

对我们这类喜欢传播疾病的有害菌来说，这可不太公平。

我说！能不能别打搅我？！

# 巨冢雉

**奇妙万物的一天**

你好！现在是公元前1500年左右，欢迎来到新喀里多尼亚，这里是太平洋上的一座偏远的岛屿。

在你们人类出现之前，这里一直像天堂一般。

我是一只新喀里多尼亚巨冢雉，是大个头、不会飞的鸟，与鸡是近亲。

↕ 80厘米

这些从亚洲大陆来的人，乘船穿过广阔的水域，去往不同的岛屿定居，我所在的小岛便是其中之一。

— 我发现陆地了！
— 我发现危险了！

这个巧妙的发明叫作边架艇独木舟，人类乘坐它穿行于汪洋大海。

→ 起支撑作用的舷外托架
← 蟹爪式风帆
← 木桨

我呢，我就是一只十足的呆头鸟儿，而你们人类却是超级水手！

你们可以通过解读波浪的走向，使用航海柱形图指明方向。

← 贝壳代表岛屿
← 木棍描绘了洋流类型

人类在我住的小岛上做了一些可爱的罐子。

→ 几何图案十分盛行

历史学家称它为"拉皮塔文化"。

我只希望你们人类没有带来这么多可怕的动物。它们攻击我们的巢穴、蛋和雏鸟。

猪　野狗　老鼠

你们人类猎杀我们当食物，这已经够糟糕的了！

— 哎呀！我得赶紧飞走！
— 真好吃！

— 救命啊！我忘了我不能飞了。啊呀呀！

不幸的是，新喀里多尼亚巨冢雉被拉皮塔定居者猎杀至灭绝了。

# 古埃及法老

**奇妙万物的一天**

欢迎来到公元前1465年的底比斯城。

我是法老哈特舍普苏。有件事很奇怪……

我是个女人！事实上，我是古埃及真正意义上第一个女法老。

← 假胡须

我喜欢未雨绸缪。看看我在帝王谷为自己建造的神殿，多么恢宏啊！

我是古埃及最伟大的建造者之一。我就是喜欢建造东西！

埃及卡纳克的巨石方尖碑 →

我的真人大小的雕像 →

我的狮身人面像！

我能够成就这一切，是因为先夫去世了，我可以自由统治。

先夫图特摩斯二世 ↓

而我年轻的继子图特摩斯三世可不希望我这样做……

在古埃及，女人不能执政，这可是规矩。

尽管我是个女人，但我仍然可以像法老一样装扮。

眼镜蛇饰物 ←　→ 条纹头饰
← 假胡须

我还可以到处刻上我的名字！我的名字意为"最为尊贵的贵族女性"。

就刻"哈特舍普苏"几个字就行了呀！

你说得倒容易……

多亏了我，埃及变得和平而繁荣，而我的名字也将永存。

哼，走着瞧吧！

在我去世后，公元前1458年，图特摩斯三世摧毁了我的许多雕像。我的存在直到19世纪才被发现。

噢，不！我没脸了！

| 拓展知识 | # 书写之物 |

古埃及人在公元前3000年左右发明了古埃及象形文字。这种早期的书写形式使用符号和图形代表具体事物、抽象思维和声音，有点儿像现在的英文字母表。古埃及象形文字一般写在由纸莎草制成的纸上，或是刻在墙上。

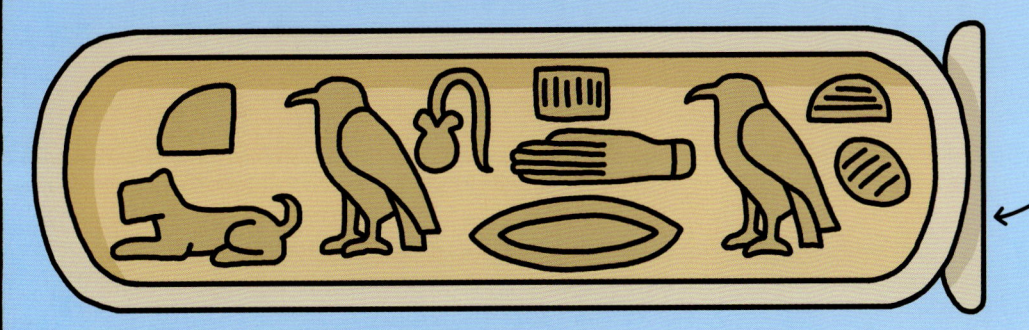

这就是用古埃及象形文字写的古埃及女法老克娄巴特拉的名字。把这组象形文字圈起来的椭圆形符号被称为"卡图什"，即"王名框"

## 罗塞达碑

1799年，古埃及的罗塞达小镇发现了一块石碑。碑上刻有一段文字，以古埃及象形文、俗体文及古希腊文呈现，历史学家因此首次破解了古埃及象形文。

## 神秘的楔形文字

约公元前3200年，美索不达米亚的苏美尔人创造了著名的楔形文字。它包含数百种不同的符号，是目前已知世上最早的书写系统之一。

楔形文字是用一根芦苇在湿泥板上刻写而成的

# 埃及猫的秘密日记

这是公元前1450年，古埃及赫利奥波利斯城一只流浪猫的日记。

这就是我！

## 第一天

猫咪们总是特立独行的。昨天，我还是一只流浪猫。今天，我就被一户人家接入家中。他们给我起名"喵喵"，还喂了我一个鱼头！他们把我当成毛茸茸的神灵来对待。

鱼头——美味大餐！

## 第二天

哎呀！这家人似乎还有一只猫，也叫喵喵，比我大得多。老喵喵说，人类把我们所有的猫都叫"喵喵"，因为我们就是这样喵喵叫的嘛。他们还认为我们十分特别，任何杀死猫的人都会被判处死刑。现在谁还认为狗是人类最好的朋友呢？反正我不这样认为！

老喵喵

## 第三天

我和老喵喵今天出去打猎,带回来三只灰老鼠、两只棕老鼠、一只蝎子和一条眼镜蛇。老喵喵说,这就是人类如此喜欢我们的原因——保护他们的安全。坦率地说,我才不在乎这些,只要鱼头源源不断地送来就行!

老喵喵木乃伊

## 第四天

真惨啊!可怜的老喵喵咽下了最后一口气。人们非常沮丧,他们剃掉了眉毛,以示哀悼。他们还将老喵喵的身体涂上油,裹上绷带,像木乃伊一样。看起来真有点儿滑稽。我想知道人们为什么这么做。

## 第五天

今天走了很远的路,来到了供奉猫头女神的巴斯特神庙。看来老喵喵要在这里和其他几百只装在罐子或棺材里的死去的猫一起度过"来世"了。我会想念它的。不过很多人拥抱了我,我相信一旦人们的眉毛长回来,他们会再次高兴起来的*。喵呜!

*在古埃及,家中猫死亡,人们会剃掉眉毛以示哀悼。——编者注

家庭之神、猫之女神和生育之神巴斯特

# 新闻速递

至公元前1500年，人类已分散到了世界各地，当然不只是走陆路啦。

## 抵达大洋洲

在上一个冰期，海平面比现在要低得多，大大缩短了岛屿之间的距离。到公元前1500年，人类已经在澳大利亚大陆生活了5万年，并且还在不断地探索。

粉色表示冰期的海岸线

## 到更遥远的地方去

新的航海技术将勇敢的男男女女带到了遥远的太平洋岛屿，尽管这对当地的野生动物来说并不总是件好事。

## 精湛的艺术

在中美洲和南美洲，多亏了一些陶器碎片和一些令人难以置信的艺术品，今天的人们才知道那里曾存在的早期帝国。

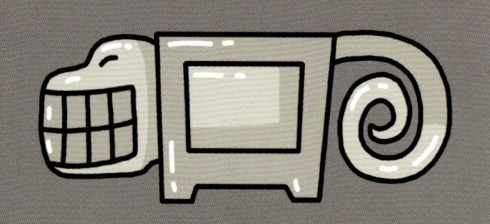

## 光辉的遗产

尽管听上去很不可思议，不过在古希腊等地都相继出现了各种文明。大量出土的陶罐和其他陶器记录了这些文明的存在。古希腊人留下了光辉灿烂的文化遗产，包括科学、艺术、哲学、戏剧、体育，甚至历史本身。

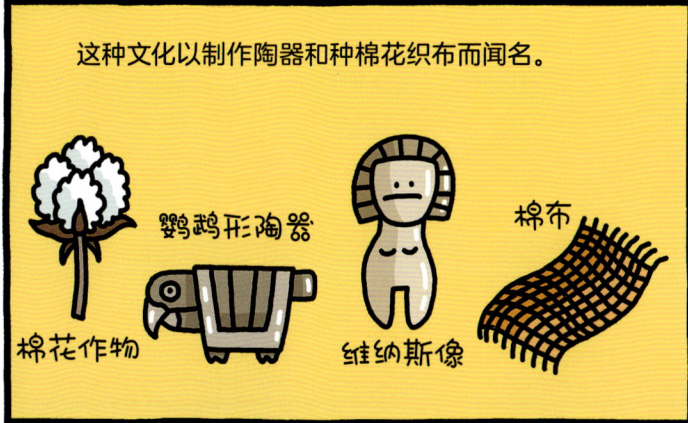

## 奇妙万物的一天 — 大羊驼

**你好！我和我的主人生活在厄瓜多尔。**
现在是公元前1500年。

**我是一只大羊驼。**
我是饲养大羊驼的农民。

人类会选择一些野生动物，把它们驯得温顺。*
- 骆驼家族的一员
- 耳朵向上 = 快乐
- 耳朵平摊 = 痛苦
- 柔软的长毛

*这一过程被称为"驯化"。

**历史学家称我们这一文化为"瓦尔迪维亚文化"。**
- 茅草屋顶
- 环状泥墙
- 羊驼牧场

**这种文化以制作陶器和种棉花织布而闻名。**
- 棉花作物
- 鹦鹉形陶器
- 维纳斯像
- 棉布

**瓦尔迪维亚文化的大羊驼有很多工作要做。**

**我们运载货物。**

**我们的驼毛可用来织衣物。**
请给我留下遮挡屁屁的短裤，谢谢。

**甚至我们的粪便都被拿来用作燃料！**

**至于说是人类的好帮手，我们大羊驼敢认第二，没谁敢认第一。**
这倒没错！

**对了，可别告诉它，大羊驼肉也很好吃哟！**
什么?!

**3500年以后……**
我们大羊驼现在仍然在承担这些工作。我们大羊驼也还是很喜欢搞破坏哟！

# 巨石头像

**奇妙万物的一天**

你好！我是住在现今墨西哥城的一块巨石，现在是公元前1200年左右。

呃，我刚才说自己是"巨石"……

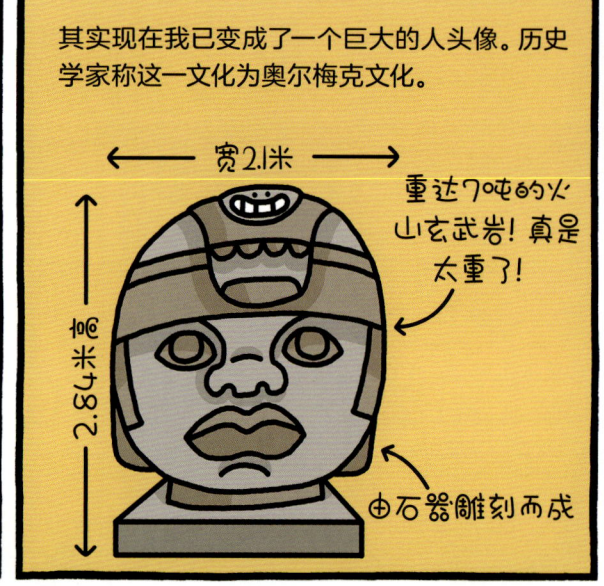

其实现在我已变成了一个巨大的人头像。历史学家称这一文化为奥尔梅克文化。

← 宽2.1米 →
高2.84米

重达7吨的火山玄武岩！真是太重了！

由石器雕刻而成

"奥尔梅克"的意思是"橡胶之乡的人们"。瞧，奥尔梅克人正从树上割取橡胶。

奥尔梅克人在城市里塑雕像，修金字塔和供水系统，创造了墨西哥第一个伟大的文明。

巨大的人头像或许曾摆在专门的通道两旁

他们也崇拜一些独特的神！

半婴儿半美洲豹的美洲豹雕像

龙神

玉米神

玉米让奥尔梅克人变得富有起来，难怪他们崇拜玉米神！

我们价比黄金，千真万确！

奥尔梅克人还用橡胶制成沉甸甸的橡胶球玩游戏。

重达4公斤！

你们的历史学家认为我头戴球员们用的头盔。呃，让我告诉你一个秘密……

咚！

那个球肯定很疼吧！

## 奇妙万物的一天 — 无纹陶器

**欢迎来到大约公元前700年的古朝鲜王国。**

嗨!

**你也瞧见了,我是一只棕色的大陶罐,它是一只灰色的小陶罐。**

我们可是新鲜出炉的!

**相传,古朝鲜王国由一位名叫丹根的神创建,他的母亲是一头熊。这个故事至今仍在朝鲜半岛流传。**

母亲节快乐!

谢谢你,我的儿子!

**呃,目前我们居住的房子就是个坑。**

太坑了!

**房子有一半都在地下!**

茅草屋顶
入口
地下生活空间

**半穴居住房在朝鲜半岛的无纹陶器文化时期十分典型。这一时期就是以我们陶器来命名的。**

**住在这种房子里的人们会捕鱼、放牧,也会使用石器和青铜工具。**

半月形石刀　曼陀林形青铜匕首

**他们还种了许多庄稼。**

大麦　谷子　小麦

**还有这种非常有用的庄稼。**

我是水稻!我最棒!

**亚洲最早于公元前8000年左右开始种植水稻。**

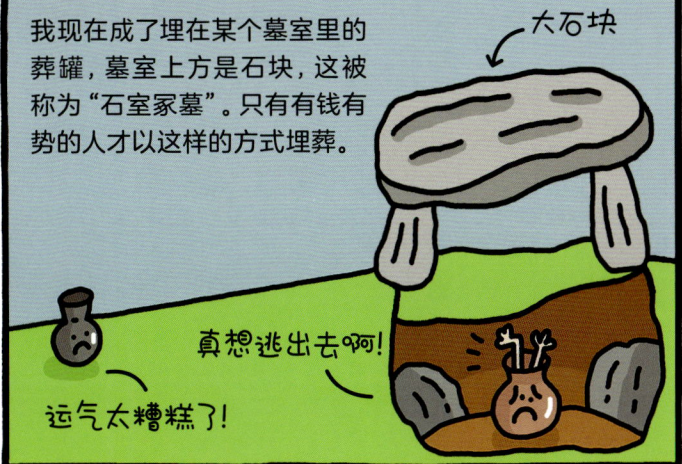

真好奇我会用来装什么!

我猜你马上就会知道了!

不久后……

死人身体!哎呀!

**我现在成了埋在某个墓室里的葬罐,墓室上方是石块,这被称为"石室冢墓"。只有有钱有势的人才以这样的方式埋葬。**

大石块

运气太糟糕了!

真想逃出去啊!

# 希腊陶瓶

**奇妙万物的一天**

你好！我是一只崭新锃亮的陶瓶，约公元前530年居住在雅典的一家陶器店里。

我曾经只是一块黏土。

*曾经的我*

瞧瞧现在，我成了一只美丽的双耳陶瓶，可以盛放葡萄酒、橄榄油或蜂蜜。

我身上的图案是古希腊神话中的两个人正在下棋

人们用陶器坯轮制作陶瓶，还给瓶身上画上了图案。

*晕死了！*

这也就算了，最糟糕的是在窑中……烧制了三次！

*只有我觉得这里很热吗？*

*呼！*

一些手工艺人会在他们做好的陶瓶上留下自己的名字，制作我的手工艺人也这样做了。瞧我的瓶底！

*埃克塞基亚斯制作*

我们陶瓶展示了古希腊神灵、神话、奥林匹亚英雄和古希腊人日常生活场景。

- 希腊众神之王宙斯
- 帆船
- 奥林匹亚选手
- 建筑
- 战斗

随着时间的流逝，陶瓶的瓶绘样式也发生着变化。

- 原型几何风格
- 几何风格
- 黑绘风格
- 红绘风格

但它们仍然十分盛行。这家店多忙碌啊。哎呀！小心！

*砰！* *当心点儿！*

*快回来！* *左摇右晃* *救命！*

*你没事吧？* *我摔碎了！呜！*

| 拓展知识 | # 明星雕塑 |

除了制作令人惊叹的陶器外,古希腊人还是熟练的雕塑家。那些保存下来的古希腊雕像可以说是世界上最著名的艺术品之一。

## 宙斯像

这座雕像的历史可以追溯到公元前460年,被认为是众神之王宙斯像。起初,他的右手中可能是一道闪电。

闪电缺失处↑

他的眼睛不见了!

2米多高

## 断臂的维纳斯

断臂的维纳斯是公元前100年左右用大理石雕刻而成的,表现的可能是古希腊爱神阿芙洛狄忒。这座雕像于1820年发现于希腊米洛斯岛,因此又名米洛斯的维纳斯。没有人知道为什么她的胳膊不见了。

## 掷铁饼者

这座雕塑是雅典著名雕塑家米隆在公元前460年左右创作的,现在只有罗马人制作的复制品。

掷铁饼是古代奥林匹亚竞技会的比赛项目。该项目使用的铁饼由石料、青铜或铁制成

2米多高

29

## 奇妙万物的一天 — 奥林匹亚竞技者

嗨！我是公元前460年居住在希腊奥林匹亚城的公民。

我也是其中一员。

成千上万人从希腊各地来到奥林匹亚，见证又一届竞技会的开幕。

每四年举办一次。

竞技会是为了祭祀宙斯神举办的。看看现在的奥林匹亚，多么不可思议的景象啊！

令人惊讶的是，公元前776年举办的第一届竞技会只有一项比赛……

即190米短跑，也就是"跑一个斯塔季（stadion）"——这个词也是"体育场（stadium）"一词的由来。

石制起跑线

冠军会赢得橄榄枝编成的桂冠……

他们的形象也会被绘在陶瓶上！

如今，竞技会有了更多的项目……

- 掷铁饼
- 投标枪
- 穿盔甲赛跑
- 古希腊搏击——一种可同时使用拳击和摔跤的竞技项目

竞技场上看不到女性的身影，无论是参赛者还是观众。

女性不被允许参加和观看比赛。

现在，让我们去赛场上见一见运动员吧。

好主意！

赛场边上……

祝你好运！不过，你知道每个人都裸身参赛吗？

什么？不可能。

嗯，这样他就可以跑得更快了。

啊！快逃啊！

所有的运动员都是赤身裸体的！

30

# 历史学家

**奇妙万物的一天**

欢迎来到雅典！现在大约是公元前430年。我是哈利卡纳苏斯的希罗多德，你也可以叫我……

超级英雄！我是古希腊著名的历史学家。

多亏了我，人们才听说了美索不达米亚城市巴比伦，知道它以"空中花园"而闻名。

我在一本名为《历史》的书中写下了我所知道的巴比伦，这本书一直流传到你们生活的时代。

诚然，我可能弄错了一些"事实"。

希罗多德：巴比伦有100个青铜城门。

事实：巴比伦只有8个城门。

但看看那里在你们的时代还剩下什么。

巴比伦遗址位于现今伊拉克境内。

所以说，我对古代世界的记录很重要。我周游各处，收集资料，要不然它们早已被遗忘了。

我也写过许多著名的战役……

尝尝我的厉害！ 哼！
公元前490年马拉松战役（希腊人大战波斯人）

最近怎么样？ 又见面了！
公元前480年萨拉米湾海战（希腊人大战波斯人）

明年同一时间再战？ 一言为定！
公元前479年米卡尔战役（希腊人大战波斯人）

我在书中还描写了一些奇怪的事情。

闪光！ 挖！ 呃！

希罗多德声称，一只毛茸茸的巨型波斯蚂蚁挖出了金粉，而且它还可以杀死骆驼！

尽管如此，总的来说，我的大部分记录都被证明是准确的，我也因此被西方世界称为"历史之父"。

历史之父

这的确是事实！

好吧，或多或少总是事实吧。

31

# 面具工匠的秘密日记

这是公元前430年左右，雅典附近一家剧院的学徒杰森的日记。

这就是我！

## 第一天

今天我去见了西里尔，希望未来几年他能成为我的老师。西里尔负责为雅典大剧院的演员制作演出服和面具。戏剧主要有两种类型——严肃的悲剧和滑稽的喜剧。西里尔答应收我为徒，明天我就要开始学习了。太棒了！

西里尔

## 第二天

西里尔带我参观了新的工作场所。一排排木质座椅在山坡上围成半圆形，这种设计可以让上万名观众都能清楚听到演员的声音。西里尔说，这些座位被称为"观众区"，舞台则被称为"演出区"。太多新词了！

## 第三天

今天，西里尔向我展示了他在作坊制作的面具，配有用真人头发制成的假发。显然，面具掩盖了这样一个事实：一部戏剧不会超过三个主要演员。所有的演员都是男性。可悲的是，女性不被允许进入剧院，这意味着我妈妈不能来观看。哼！

## 第四天

西里尔带我进入了搭在舞台上的一个小帐篷。表演期间，演员们会在里面换面具。有时，帐篷外面还会展示某个特定的场景图。帐篷也就用作所谓"场景"，所以我和西里尔开玩笑说，他们可以称这些背景图为"舞台布景"。他于是看着我，好像我疯了一样。哦，那好吧。

舞台布景

## 第五天

我完成了我的第一个面具！我把加硬的布料压在模具上，然后在眼睛和嘴巴的位置开了孔。"干得好！"西里尔说，"现在，再做十一个吧！"他可不是在开玩笑。面具是专门做给合唱队的。十二名演员戴着相同的面具一起表演。这十二个面具个个面带微笑——这可不像我在一天工作结束后的表情。但我也绝不能将劳累之情表露出来。

# 古希腊哲学家

**奇妙万物的一天**

你好！我的名字是柏拉图，现在是大约公元前360年。我的智慧举世闻名。不过，千万不要忘了……

我曾经是一名摔跤手！呼！

没错，他的确是。

目前我在雅典开办了一所柏拉图学园，聪明的人都可以来，在美丽的橄榄树林中学习和辩论。

我不确定我是否同意，柏拉图。

说话小心点儿！我可是练过摔跤的。

像我这样的学者被称为"哲学家"。"哲学"一词来自两个古希腊词，意思是"爱智慧"。

嘎吱！嘎吱！

不同的哲学家有不同的想法……

**苏格拉底**：我说，做好事就足以让你快乐。要诚实。

**德谟克里特**：我提出了原子论。

**第欧根尼**：我住在一个巨大的黏土罐里！

许多学者也非常擅长数学，包括我！

正四面体　正方体　正八面体　正二十面体

这些立体图形今天被称为"柏拉图多面体"。

哲学家毕达哥拉斯是西方最早提出勾股定理的人。

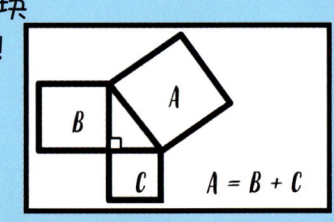

就是这些方块让我出名的！

$A = B + C$

然而，在学园里，我的明星学生却是亚里士多德。

谢谢！

您过奖了，老师。不过，虽然您认为思考本身就足以揭示真理，我却认为只有直接观察才能做到这一点。对此，您怎么看？

嗯，这个嘛……

还是摔跤定胜负吧！

# 新闻速递

公元前500年至公元500年期间,各大帝国兴衰更迭。

## 帝国时代

强大的统治者和强大的军队在已知世界开疆拓土,随他们一起带去的还有技术、信仰和生活方式。事实上,对古罗马人来说,远征似乎成了他们的主业。

## 永恒的遗产

在中国,战国时代结束,秦始皇完成统一大业,成为中国历史上第一位皇帝。秦王朝虽昙花一现,但修建的长城依然保留至今!

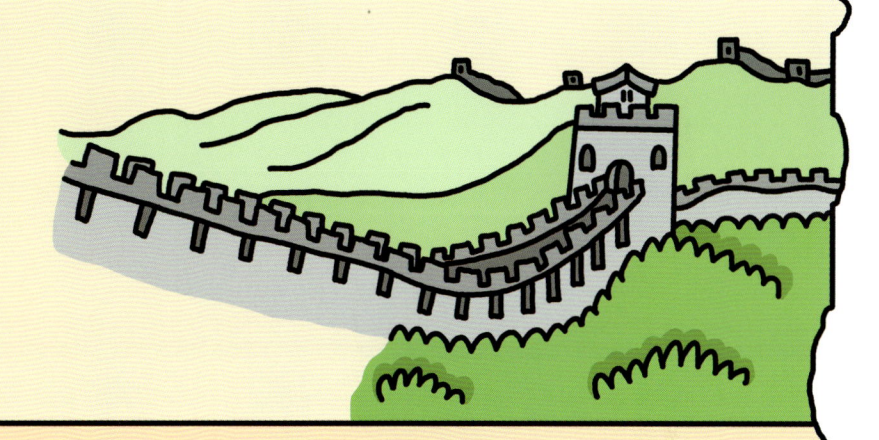

## 条条大路通罗马

罗马城位于现今意大利境内,原本是一个坐落在山丘上的小城,却缔造了西方历史上伟大的罗马帝国。它持续了1 000多年,有"条条大路通罗马"的说法。在古罗马时代,以中国古城长安为起点的丝绸之路,经地中海就可以抵达罗马。

## 罗马的沦陷

传说,"罗马不是一天建成的"。然而,410年,入侵的军队仅用三天就洗劫了这座城市。西罗马帝国气数已尽,最终于476年灭亡。

## 奇妙万物的一天 — 中国皇帝

我们现在位于公元前210年的中国平原县。你竟敢盯着我看?!简直大逆不道!

难道你不知道我是谁吗?

我是秦始皇,秦朝的建立者,中国第一位皇帝。

公元前221年,我统一了六国,当上了始皇帝。

我下令在中国北方修建长城。起初,长城只是由泥土和石头砌成,有时还掺了点儿米浆。

你觉得目前怎么样?

还好,但还不是"很棒"。

我还下令修建了道路和运河,统一了度量衡和文字。

↑ 量器

人们都说,我处死了数百名方士和儒生(还把他们的书也烧毁了)。

呃,也许可以忘了这些。

这会儿,我正下令修建一处巨大的陵墓,为我死后而建。

真是埋葬的好地方……

← 骊山

不过,我可不想死,我一直在服用这些神奇的"长生不老"丹药。哈哈哈!

哎呀!也许我错了……

我们不知道秦始皇的具体死因,但可能正是他认为可以让其长生不老的丹药毒死了他。

| 拓展知识 | # 黏土奇迹 |

1974年，一个偶然的机会，秦始皇陵重见天日，它的面积十分庞大。陵墓里有8 000多个真人大小的黏土人组成的大军，它们都由一种叫作陶土的黏土制成，这就是秦始皇陵兵马俑。

没有两个人俑是相同的。

一些兵俑手持真实武器。

陶俑最初有鲜艳的颜色

陵墓里还有真实尺寸的陶马

## 奇妙万物的一天 — 染料骨螺

嗨！我是一种叫作骨螺的软体动物。我要用我们骨螺的礼仪欢迎你来到公元前220年的迦太基。

不过，坦率地说，我把这个地方称为"大屠杀之地"，因为我们都会在这里死去。

啊？！

迦太基是地中海腓尼基文明的一部分。腓尼基人是了不起的商人和水手。

欧洲 / 亚洲 / 非洲 / 地中海 / 迦太基 / 推罗城
橙色部分为腓尼基帝国

腓尼基最有价值的物品是以推罗命名的一种染料，名叫"推罗紫"。

它的价值堪比同等重量的黄金！

嘿！我这些黄金能买你的染料吗？
能呀！
黄金

紫色染料十分昂贵，专门供给贵族和帝王使用。

嗨！
我们是时尚的紫衣人！

问题在于，只提取一丁点儿这种染料，就会有成千上万的骨螺死去。

你能不能不要再说"死"这个字了？！

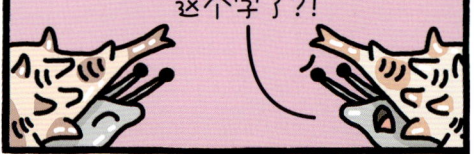

我们会被压碎外壳后放在罐子里煮沸，然后腐烂好几天。

这活儿糟糕透了！

不同种类的骨螺生产出的紫色也会略微不同。

使用了这种染料的羊毛织物在阳光下不会褪色，因此在各大洲都受到珍视。

唉！穿起来还是痒得难受！

我知道这一切，是因为看到了墙上挂着的那张兽皮。

哇！你还识字呀？太不可思议了！

腓尼基人制定了世界上第一套字母系统。

现在得赶紧开溜了。
祝你好运！

半小时后……

呃，这对软体动物来说可不是容易的事。
赶紧呀！

# 战象

**奇妙万物的一天**

欢迎来到公元前218年12月的意大利北部。我是一头战象，老实说，我觉得有些烦躁。

"来意大利旅行吧，"他们说，"会很有趣的。"
← 象牙利剑

嗯，这次意大利之行我将永生难忘。
战楼，又称"象轿" — 士兵们
嗖！
哎呀！

都怪这个人！
汉尼拔
（前247—前182）

汉尼拔是迦太基军统帅，此时他正率领我们对罗马帝国展开突袭。

嗒！嗒！
我还以为"突袭"就是踮着脚慢慢走呢。

没想到，我和其余36头战象却跟着汉尼拔的军队从西班牙一直走到意大利，整整1 600公里呢！
阿尔卑斯山　罗马
西班牙
汉尼拔的行进路线
意大利

途中我们还翻越了意大利境内的阿尔卑斯山。
我好冷！　我好饿！　我恐高！

罗马军队试图用火来吓退我们。

不过说实话，我却很高兴可以用火取暖。为什么我们要在冬天来这个鬼地方啊？
救命啊！
掉下来了！

最终，我们赢了战斗，但只有一头大象幸存了下来，这就是我。

# 角斗士

**奇妙万物的一天**

欢迎来到公元90年左右的意大利罗马。想找一份娱乐别人的工作吗？

来做我的工作吧！我在罗马大角斗场做角斗士。

"杀了他！" "去死吧，失败者！"

失去理智的观众！

我是角斗士中的网斗士。

- 尖锐的三叉戟
- 护肩
- 大网
- 裸露的胸膛

你会注意到，我没有戴头盔，而且我必须与这个家伙缠斗到底。

唔唔……

大金属头盔

不好意思。我是一名追击士，这是一把短剑，剑的拉丁文（gladius）就是我们角斗士（gladiator）名称的由来。

我不知道是谁想出这些疯狂的装备的，但这些装备还挺多的……

- 塞斯托斯：我有拳套。
- 穆尔米洛：我有鱼形头盔。
- 霍普洛马丘斯：我有短矛。
- 懦夫*：我有妈妈给的纸条。

*可能并非真的如此。

大多数角斗士都是奴隶或罪犯，我们通常活不过十场角斗。

下面就轮到你俩了！

好吧，人们说要英勇地死去，这才是最重要的。唉！

唔唔！*

*我讨厌这份工作！

不久后……

他们说他英勇地死了。

安息吧。

我反对！

40

| 拓展知识 | # 格斗学校 |

各种类型的角斗士都要在格斗学校接受训练。想象一下,这些人都是你的同学!

**转啊转!嗖!**

*我的武器似乎不太好用啊……*

### 绳斗士
这个角斗士抛出绳索,然后刺伤了对手。

用于刺戳的锋利剑锋

*我有马的力量!*

**嗒,嗒!**

### 战车角斗士
这名角斗士坐在马拉的战车上战斗。

*穿戴着这个跑貌似有点儿危险!*

### 格刃
格刃又叫角斗士剪,有一个锋利的弧形刀片。

追击士使用的典型钢制罗马短剑

*我有女子的力量!*

### 女角斗士
女角斗士很少见,但也的确存在!

# 庞贝房屋的秘密日记

公元79年，矗立在意大利罗马庞贝城的一间房屋，写下了它的日记。

我的外观

## 第一天

这一周可甭提了！人们说"隔墙有耳"，还真是这样。今天，一对夫妇从外面的街道上走过，说我看起来很沉闷。好吧，坦率地说，庞贝城所有房屋的外观都是如此。但是，我的内部可漂亮极了！看看我的照片吧！有柱子、庭院、花园、雕像、绘画，甚至还有水景。

我漂亮的内部

## 第二天

经历了昨天的羞辱之后，今天有人进来修饰我的壁画，这可真是太好了。壁画是我房间墙壁上色彩缤纷的画作。我的主人认为自己很高雅，所以壁画都是关于战争和神话传说中的神灵的。噢，对了，他们也把自己画在了墙上。真虚荣啊！

### 第三天

我又被气到了！昨晚，有人在我的外墙上刻上了"奥菲迪乌斯到此一游"字样。人们把这种在墙壁上乱涂乱画的行为称为"涂鸦"。如果奥菲迪乌斯胆敢回来，我希望斑点狗能抓住他。斑点狗的图像还出现在入口大厅（即"中庭"）地板的大马赛克砖上，并刻有"cave canem"字样，这是拉丁语，意为"小心有狗"。

小心有狗

### 第四天

今天有点儿吓人。附近的山实际上是一座名为维苏威的活火山。午餐时分，地面开始摇晃，一团巨大的烟尘和灰烬从维苏威火山口喷出来，倾落在庞贝城。我的主人们拿起他们的贵重物品四散而逃。现在这里只剩下我了，我被掩埋在约一米厚的灰烬下。事情会变得更糟吗？

### 第七十万九千天（仿佛）

是的，的确可以变得更糟，而且事实上也的确变得更糟糕了。第二天，炽热的灰烬和气体吞没并摧毁了这座城市。大多数人都逃走了，但也有许多人死去了。大约2 000年以后，考古学家发现我被埋在6米深的灰烬和火山岩下。如今，我和这座城市其他地方的遗址可以让现在的人们深入了解古罗马人的生活状况。

我如今的模样

43

**奇妙万物的一天**

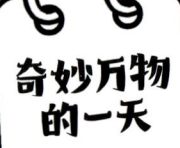

# 丝路骆驼

你好！现在是公元200年左右，我正走在丝绸之路上的某个地方。不好意思，我得边走边说话。

丝绸之路，顾名思义，你大概能猜到我身上驮的是什么。

还不知道吗，是重达250公斤的丝绸呀！

这会儿正是路上的高峰期——如果时速五公里也算高峰期的话。我们骆驼排成长长的队伍，身上驮满了要交易的货物。

咚咚！ 嗒嗒！

中国丝绸在罗马很受欢迎，因为比起羊毛来，它十分光滑柔软。

穿丝绸衣服身上不痒哟！

罗马人缔造了庞大的帝国，但他们却不知道丝绸的制作工艺。丝绸是用从蚕茧中抽出来的丝织成的。

罗马人还以为它是树上长出来的。

我要做条裤子！

几个世纪以来，中国的丝织技艺一直对外保密！

丝绸之路从中国一直延伸到地中海各国。

穿过炎热的沙漠……

好渴啊！

越过高山……

头好晕！

穿越冰原。

现在我还真有冰峰了！

幸运的是，走在丝绸之路上，我驮的丝绸随时会交换成其他商品，然后再一路驮回来。沿途都有市场和交易站。

丝绸可用来交换中国所需之物。

金银　马匹　象牙

武器　羊毛　香料

我感觉我驮的是胡椒。

阿嚏！

44

| 拓展知识 | # 丝绸之路路线图 |

我们今天所说的丝绸之路是公元前2世纪起始于古代中国的贸易路线。在鼎盛时期，这条路线——实际上是几条相连的路线——从中国一直延伸到地中海，长达6 400公里。骆驼是贸易商队的主力！

丝绸之路沿途有许多商埠，撒马尔罕城就是其中之一。船只将货物从地中海运到罗马和欧洲其他国家。丝绸之路也有一部分延伸到了印度。

● = 主要的贸易站

陆上丝绸之路于15世纪逐渐衰落，当时更多的货物转而通过海路运输。丝绸之路传播了思想、知识、宗教，促进了东西方的交往。

哎呀！

## 奇妙万物的一天：罗马雕像

欢迎来到公元410年8月24日的罗马，如果你感兴趣的话，会发现这天刚好是星期三。

我是一尊图拉真皇帝青铜雕像，站在30米高的柱子上。

考虑到底下发生的事情，这儿还真是个安全的位置。

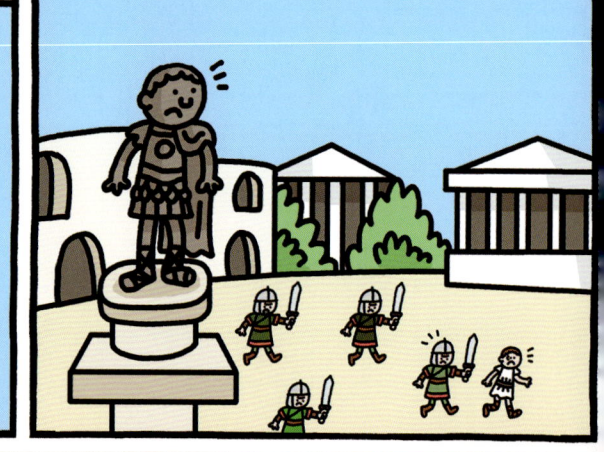

西哥特人在国王阿拉里克率领下攻占了罗马。

罗马人视西哥特人为"蛮族"，即不会说拉丁语的外族人。这一称谓包括许多敌对部落：

- 西哥特人（来自法国）咕噜！
- 哥特人（来自罗马尼亚）咕噜！
- 汪达尔人（来自波兰）咕噜！
- 匈人（来自中亚）咕噜！

罗马公民称这次入侵为"罗马之劫"。

我猜这是罗马人用的大麻袋。
是呢，还有这个。

更安全的拉韦纳城取代罗马城成为西罗马帝国的首都。

君士坦丁堡（今伊斯坦布尔）是东罗马帝国的首都

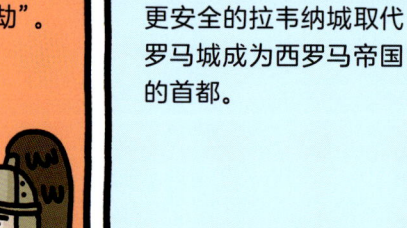

红色 = 西罗马帝国
紫色 = 东罗马帝国

西哥特人没有摧毁罗马的建筑物，但他们大肆劫掠贵重物品，整整持续了三天。

奴隶　珠宝　金银
看把我们西哥特人忙活的！

幸运的是，我站在这里似乎还很安全。

咕咕！
扑啦！
哎，从我头上下去！
啪！
我恨死星期三了！

这座雕像在中世纪时消失了，但柱子至今仍然矗立在罗马城。

# 中世纪

从西罗马帝国灭亡（476年）到大航海时代（15世纪末），这段时期被历史学家称为欧洲中世纪。

这一时期充斥着无休止的宗教纷争、血腥战争和各种奇魔怪兽传说，比如火龙与人鱼。各路宗教信徒发动了血腥的战争，帝国兴衰更迭，城镇和土地不断遭受入侵，频繁易手。而修道院里的僧侣为后人记录下了这段历史……

## 奇妙万物的一天 — 赛马

你好！欢迎来到公元533年的君士坦丁堡城，也就是现在的伊斯坦布尔。咴儿！

君士坦丁堡是东罗马帝国（又名拜占庭帝国）的首都。

我是一匹赛马，参加了一个名为"四马双轮战车赛车"的比赛。

艾瑞克　达斯缇　战车手
我　维拉

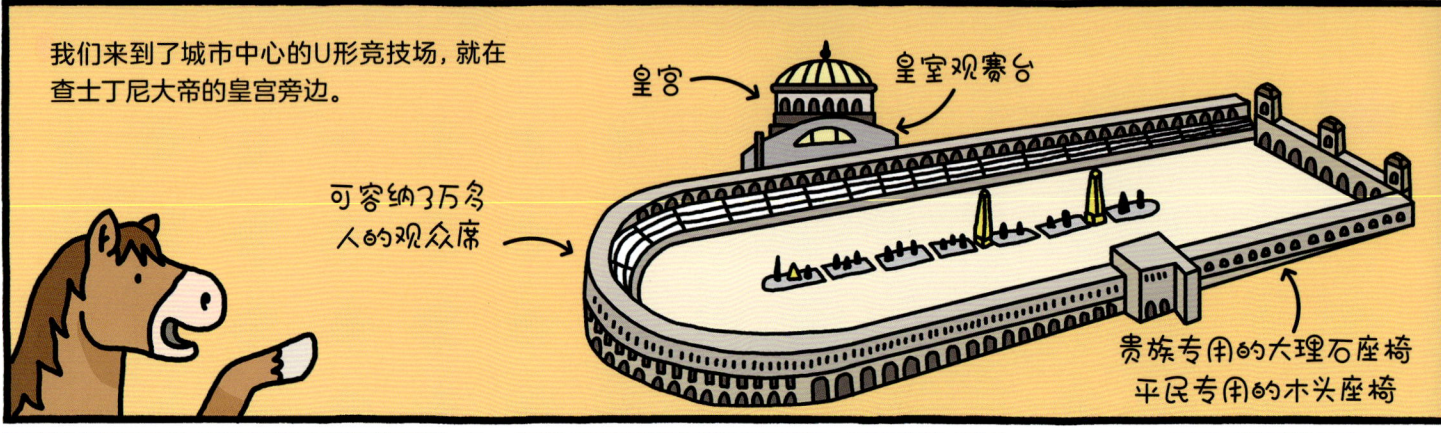

我们来到了城市中心的U形竞技场，就在查士丁尼大帝的皇宫旁边。

皇宫　皇室观赛台
可容纳3万多人的观众席
贵族专用的大理石座椅
平民专用的木头座椅

参赛的两支队伍由彼此对立的政党资助，即"蓝党"和"绿党"。

蓝党，呸！　绿党，哼！

皇帝是蓝党的支持者，因此绿党很是不满。

你这没用的蓝傻子！
粗野至极！

两党在竞技场外也经常争斗。

让你尝尝我的厉害！
我要给你点儿颜色看看！

公元532年1月，蓝党和绿党之间的骚乱持续了五天，一半的城市被夷为了平地。*

哎呀！

皇帝调动军队，处死了3万名起义者。

对蓝党和绿党来说，这可真是黑暗的一天哪！
啊！救命！

或许有朝一日，人类能变得理智一点儿。

咳！这可不好说！

*这一事件被称为"尼卡起义"。

## 奇妙万物的一天：金箔

嗨！我是一张薄薄的箔片，叫金箔。现在是公元537年，我正躺在君士坦丁堡的一家艺术工坊里。

*发光吧！闪耀吧！*

多亏了查士丁尼大帝，我的前途一片大好。

*你也可以叫我风尚之王！*

由他下令建造的圣索非亚教堂就快完工了。这是一座巨大的教堂，里面全是令人惊叹的艺术品。

*我名字的意思是"神圣的智慧"。*

查士丁尼大帝是基督徒，因此教堂里陈列了大量的宗教画和工艺品，许多都镶满了珠宝，闪闪发亮，色彩斑斓。

壁画

镶嵌画

《圣经》和其他宗教物品

这里还有许多在木板上绘制的小巧便携的圣像画。它们都是宗教画，十分盛行。

*噢！这个好时尚啊！*
*是的，这是时尚圣像。*

这种最新潮的艺术风格以帝国之名命名，被称作"拜占庭风格"，我实在等不及要成为这种潮流的一分子了！不知道我最终会被放在哪里呢？

我在这儿！在圣索非亚教堂的大穹顶镶嵌画瓷砖里。

当然了，修建这座大教堂的原因是，之前的教堂在那场起义中被烧毁了*。

*参见左页。

1453年，君士坦丁堡被奥斯曼帝国征服，圣索非亚教堂也改成了清真寺，周围还加建了四座小尖塔，不过我被保留了下来！

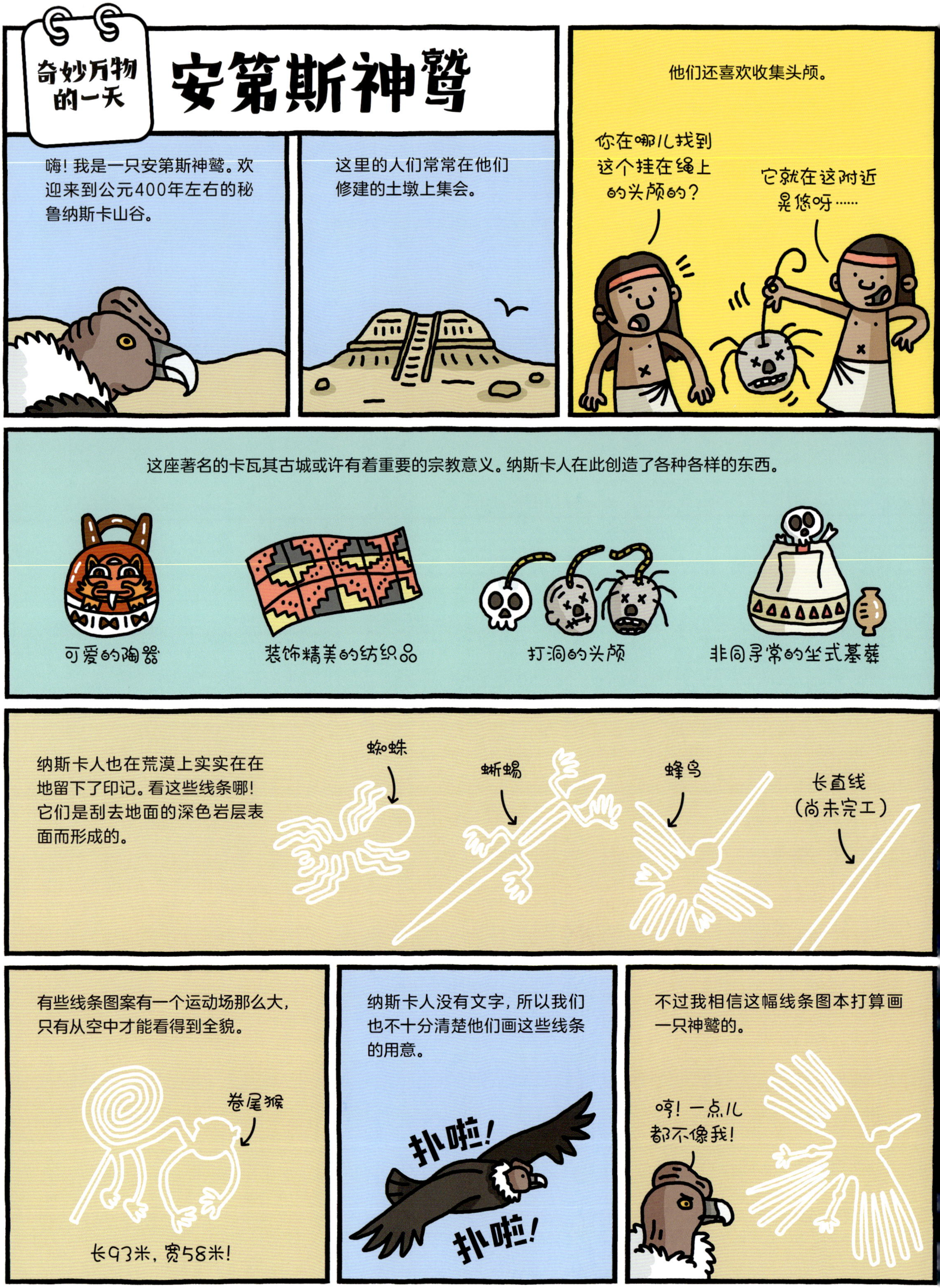

## 奇妙万物的一天 — 安第斯神鹫

嗨！我是一只安第斯神鹫。欢迎来到公元400年左右的秘鲁纳斯卡山谷。

这里的人们常常在他们修建的土墩上集会。

他们还喜欢收集头颅。

— 你在哪儿找到这个挂在绳上的头颅的？
— 它就在这附近晃悠呀……

这座著名的卡瓦其古城或许有着重要的宗教意义。纳斯卡人在此创造了各种各样的东西。

- 可爱的陶器
- 装饰精美的纺织品
- 打洞的头颅
- 非同寻常的坐式墓葬

纳斯卡人也在荒漠上实实在在地留下了印记。看这些线条哪！它们是刮去地面的深色岩层表面而形成的。

- 蜘蛛
- 蜥蜴
- 蜂鸟
- 长直线（尚未完工）

有些线条图案有一个运动场那么大，只有从空中才能看得到全貌。

卷尾猴

长93米，宽58米！

纳斯卡人没有文字，所以我们也不十分清楚他们画这些线条的用意。

扑啦！扑啦！

不过我相信这幅线条图本打算画一只神鹫的。

哼！一点儿都不像我！

## 奇妙万物的一天 — 玛雅可可豆

欢迎来到公元600年左右的玛雅城邦卡拉克穆尔。

我是躺在可可豆荚里的一颗可可豆,被从树上摘了下来。这个豆荚装了我们一大家子呢。

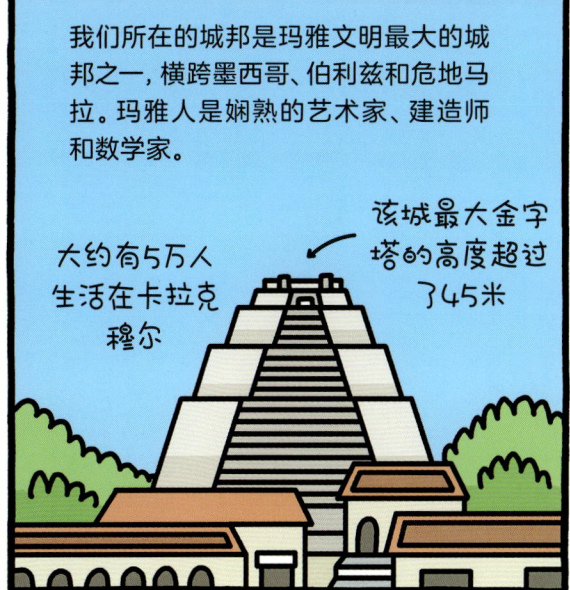

嘿! 哈! 嗨!

我们所在的城邦是玛雅文明最大的城邦之一,横跨墨西哥、伯利兹和危地马拉。玛雅人是娴熟的艺术家、建造师和数学家。

大约有5万人生活在卡拉克穆尔

该城最大金字塔的高度超过了45米

庞大的石砌金字塔是宏伟的神庙。

我们上了一半石阶没有?

还没到一半呢!

金字塔或许就得修这么大,才能装下玛雅人崇拜的200多位神!

天神与昼夜之神伊察姆纳

雨神恰克

月亮女神伊希切尔

玛雅人的城邦由国王们统治,他们负责与众神沟通。

我现在真有点儿受够雨神了!

玛雅人还用活人献祭来取悦众神。

有人自愿来吗?

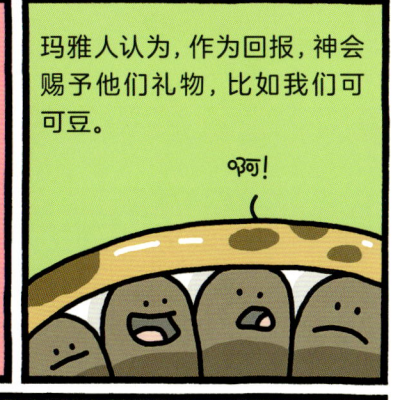

玛雅人认为,作为回报,神会赐予他们礼物,比如我们可可豆。

啊!

显然,我们的用处就是制作一种叫作"巧克力"的神圣贡品。知道这是怎么做出来的吗?

呃,这个嘛,是这样的……

先把可可豆放到火上烘焙,然后研磨成粉,加水搅拌,一种专供贵族的奢侈饮品就做成啦。

太好喝了!真是神之妙饮哪!

好了,这就是我们在玛雅城的生活——头一天还是豆子,第二天就只是个传说了。

唉!难道人们就不能喝羊奶吗?

## 奇妙万物的一天 古不列颠人

我们是土生土长的古不列颠人,我们生活的岛被你们称为大不列颠。现在是公元600年,罗马人已经离开大约200年了。

— 总算解脱了!

— 嘿!别把我给忘了!
— 噢,不!一个盎格鲁人!
— 你说啥?

盎格鲁人来自安格利亚(今丹麦和德国北部),是众多入侵者中的一支。自从罗马人离开后,许多部落都入侵过大不列颠。

盎格鲁人 ———
撒克逊人 - - - - -
朱特人 ·······

— 我是来自德国萨克森州的撒克逊人。
— 我是来自丹麦日德兰半岛的朱特人。
— 谁不知道呀,你们都很不受欢迎!

罗马人离开后,许多古不列颠人离开城镇,回到了村庄的茅屋居住。

— 好漂亮的房子!
— 谢谢,这是罗马式小屋。

然而,一拨又一拨的入侵者将古不列颠人赶到了岛的西面。

— 你是乘着和平的东风来到这里的吗?
— 不是,我是乘坐一艘大木船来的。

我们只能在巴掌大的地方生活,经常与外来的蛮族战斗,并建造了防御工程,也就是堤坝。

— 这应该会把他们拒之门外吧,除非他们有梯子。

壕沟
加高的土堤

— 嘘!
— 嘿嘿!

不过,我们也有秘密"武器",那就是亚瑟王!

— 不好意思各位,好像并没有历史证据证明我真实存在过哟!
— 啥?
— 噢,不!

— 好了,现在我们要如何决定由谁来占领不列颠呢?
— 这个嘛,要不抛个东西看?

— 我不是这个意思!哎呀!

盎格鲁-撒克逊人于是统治了英格兰400年。

| 拓展知识 | # 神奇的头盔 |

这个面罩式的金属战斗头盔，盎格鲁-撒克逊国王可能曾经佩戴过。1939年，在英国东英吉利萨顿胡的一处墓冢中发现了许多小碎片。这些碎片可以拼接成一副头盔，就像一个巨大的3D拼图一样！

**船棺葬**

墓冢中有一艘船的残骸，有死者安葬其中。

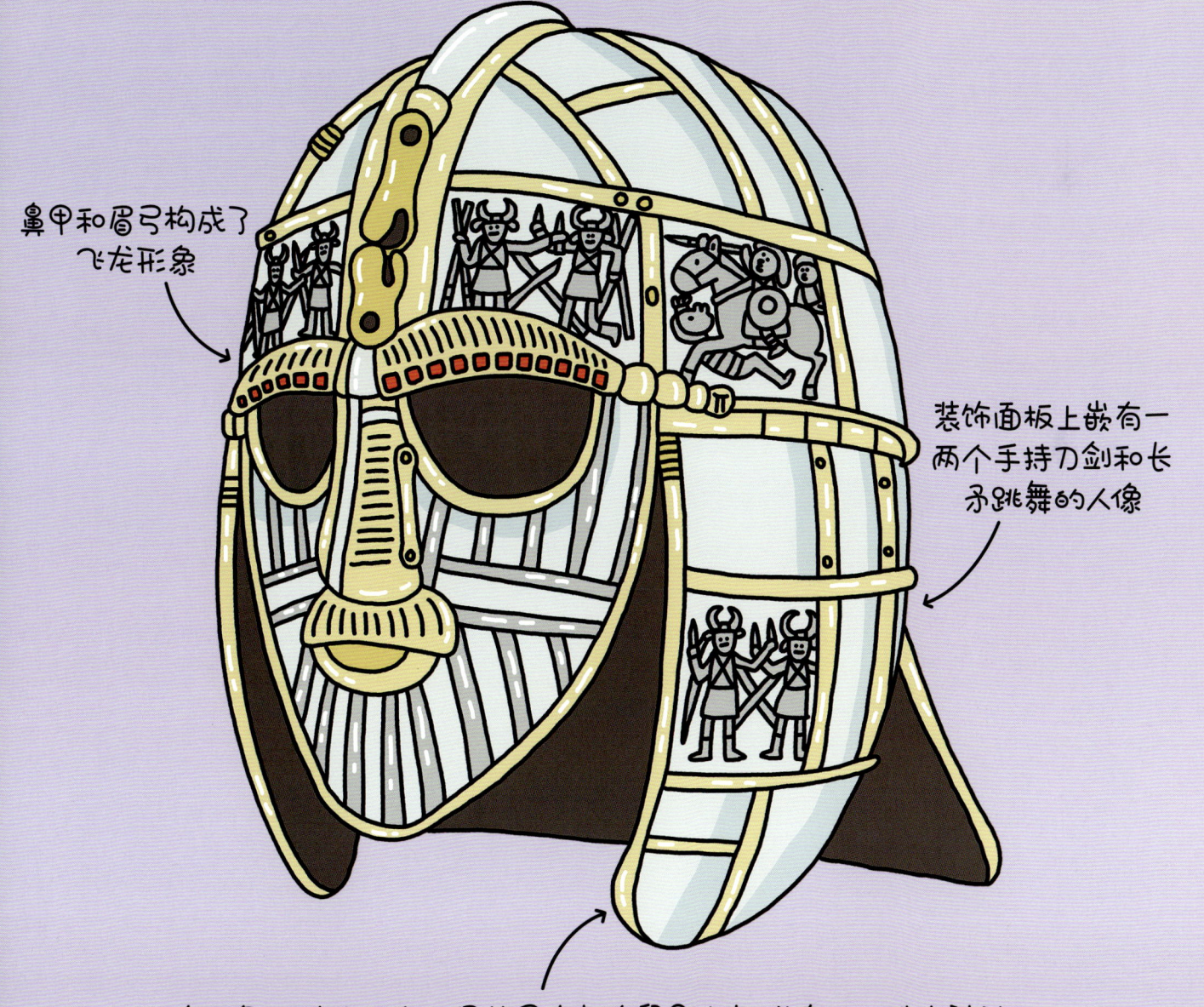

鼻甲和眉弓构成了飞龙形象

装饰面板上嵌有一两个手持刀剑和长矛跳舞的人像

盎格鲁-撒克逊人在世界范围内都有贸易往来。头盔上的珠宝被认为来自遥远的斯里兰卡，一些银饰则来自君士坦丁堡

# 维京人的秘密日记

克努特是一名15岁的北欧少年,生活在约850年的瑞典。以下摘自他的日记。

这是我。万事俱备,只等去远航。

## 太阳日(星期日)

重大新闻!今天,我像往常一样在小农场工作,突然有人告诉我,我可以参加村里的下一次掠夺任务,也就是跨越大海前往英格兰,希望能掠夺一些金银回来。这将是我作为"维京人"的第一次正式航行,毕竟我们族名的意思就是"掠夺者"。

我和妈妈在农场

## 月亮日(星期一)

妈妈对我要参加掠夺一事很不高兴。我的父亲乌尔夫·火胡子在上次对英格兰的掠夺任务中再也没有回来。今天早上,我们去给爸爸扫了墓。爸爸的纪念碑矗立在一个神圣之地。他的名字以符文刻在碑上,这是我们北欧人使用的语言。

爸爸的纪念碑

我的名字用符文是这样写的:

## 战神日(星期二)

我们信奉的神众多,有男神也有女神。主神奥丁是众神之王,泰尔则是战神。今天看起来是训练格斗技巧的好日子。我的斧头绰号叫"开颅器"!妈妈看起来又不高兴了,给了我一枚雷神战锤模样的护身符让我戴上。雷神是负责雷电的神!

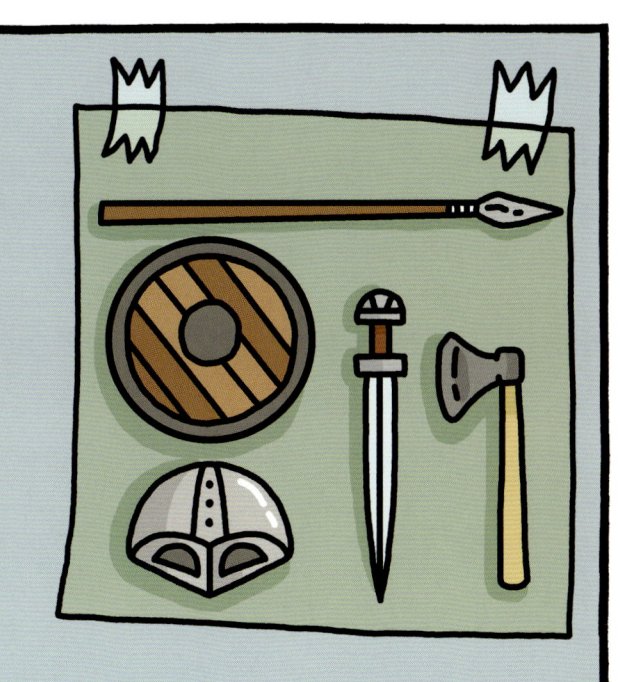

## 主神日(星期三)

我下楼去看村里人为明天的三日航行准备长船。这艘船将乘载30名男子,所有人都将坐在自己的宝箱上,奋力地划船。我感到既兴奋,又有一丝害怕,或许是因为船首的大龙头吧。

## 雷神日(星期四)

太不公平了!我们本来就要起航了,突然雷电交加,吓死人了。雷神似乎有点儿不高兴,于是掠夺任务就被推迟了。不过,妈妈倒是挺高兴。也许她给我的护身符中真的藏有运气!

妈妈的护身符

## 奇妙万物的一天 — 女皇帝

我是武则天，现在大约是公元700年。我是中国历史上第一位，也是唯一一位女皇帝。不过可得当心……

我手下的密探无处不在！我一直密切地盯着我的政敌。

> 我们看见你了！
> 听见你的声音了！

密探们不仅散布于神都洛阳，而且藏匿在整个帝国中！

武周从690年持续至705年，并向西大大开拓了中国的疆域。

就连我的亲生儿子，我也准备好随时废弃。孩儿们，是不是这样呀？

> 是的，母皇陛下！咳！

前任皇帝 唐中宗
前任皇帝 唐睿宗

不过，在丝绸之路因战争而受波及后，我又重新将其打通，并下令重建沿途一些辉煌的建筑。

大雁塔

> 我又来了，伙计们！参见第44—45页。

我还尊崇佛教，下令在龙门石窟开凿佛像。

据说，其中最大一尊佛像就是根据我的形象雕刻而成的！

佛像耳朵长达近2米

卢舍那大佛有17米多高。

尽管如此，我还是不确定在我死后是否会被记住。唉！哦，好吧……

看来是没有！我这座6米高的无字纪念碑已经空白了1 300多年。

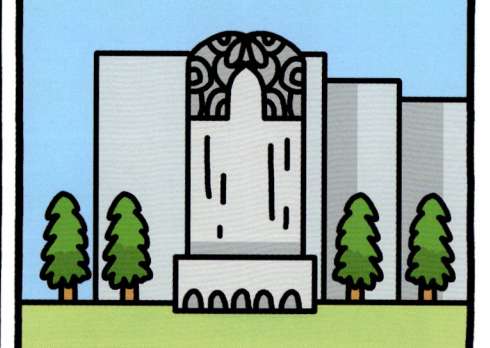

| 拓展知识 | # 伟大的发明 |

指南针、火药、造纸术、印刷术是中国古代"四大发明",其中指南针的发明可以追溯至2 000多年前。这些发明具有革命性!

古代中国人发现,当磁石漂浮在水中的一块木头上时,总是会指向南北方向。公元前3世纪,古代中国人利用这一原理创造了指南针,那是一把由磁石制成的、放置在青铜板上的勺子。

火药发明于9世纪。它由木炭、硫黄和硝石混合而成,可以用作发射炮弹、驱动火箭的点火药,也可制造烟花。

105年,东汉宦官蔡伦发明了纸张。据说他用树叶、破布和旧渔网制成了第一批纸张。

868年之前的某个时候,人们通过在木块上刷上油墨来印刷。我们知道这一点,是因为这正好是世界上已知最古老的印刷书籍《金刚经》的成书时间。

## 中国早期的其他发明

筷子 　　瓷器 　　卫生纸 　　牙刷 　　纸币

# 中世纪僧侣

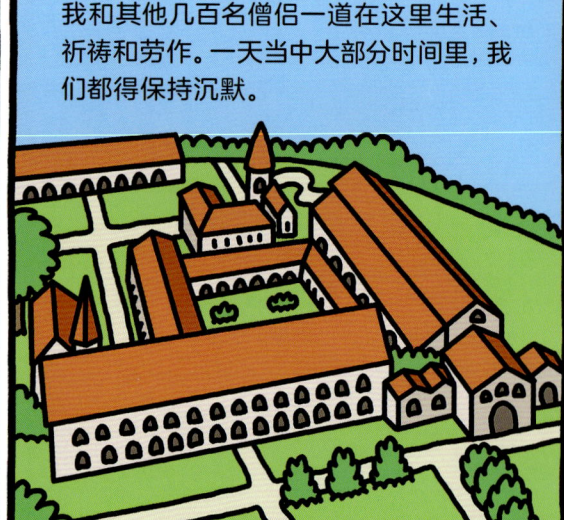

**奇妙万物的一天**

你好！我是迈克尔，是1000年左右法国一家修道院的僧侣。

我不能跟你讲话，不好意思了！

我和其他几百名僧侣一道在这里生活、祈祷和劳作。一天当中大部分时间里，我们都得保持沉默。

修道院院长主持每天的日常事务。

**早上**
凌晨2点：晨祷（祷告），《圣经》研习
早上5点：赞美经（更多祷告）
早上6点：主事（礼拜），《圣经》研习
早上9点：午前祷（更多祷告），劳动

**下午**
正午：午祷（唱弥撒），吃午餐（棒！）
下午3点：第五次祈祷（再次祈祷）
下午4点至5点：晚祷（你猜是啥……）
下午6点：夜祷（没错）
黄昏时分：上床睡觉（躺在稻草垫上）

我的僧侣兄弟们都有不同的活儿干。

奥多酿造葡萄酒。
干杯！

克劳德酿造啤酒。
干杯！

阿修则养猪。
臭死了！
哦，好吧，这是神的工作。

我是一名抄写员，我的工作是日复一日地抄写《圣经》。我们僧侣是为数不多会写字的人。

这很累人。

快回去继续干活，迈克尔。

不一会儿……
呼———

# 新闻速递

随着宗教在世界各地传播发展,一些令人惊叹的宗教建筑拔地而起,宗教还带来了思想和学习的长足进步。

## 壮观的寺庙

寺庙不仅是宗教圣地,也是财富和求知的场所。12世纪,印度教信徒在高棉王国首都吴哥城建造起一座庞大寺庙,它是全世界有史以来最大的宗教建筑。

柬埔寨吴哥窟

## 睿智的发明家

同一时代,在中东的许多国家,伊斯兰教正在崛起。穆斯林学者在古希腊人的基础上,在基础科学和数学方面取得了长足进步,并发展出像"炼金术"和"代数"之类的术语。

发明家贾扎里

## 国王和征服者

1066年,国王哈罗德被击败,结束了盎格鲁-撒克逊人在英格兰的统治。"征服者"诺曼底公爵威廉一世开辟了一个新的王朝,声称其君权神授。大约150年以后,这种信念给另一个英国国王约翰带来了巨大的耻辱,但也由此产生了历史上最著名的文件之一——《大宪章》。

英格兰最后一位盎格鲁-撒克逊国王哈罗德

奇妙万物的一天
两只青铜碗
你好！现在大约是1010年。我是一只青铜碗。
我是另一只！
此刻我俩正待在这位高丽僧人随身携带的一只布袋里。
哐啷！
哐啷！
哐啷！
小心点儿！
当地的村民把我们捐赠给了僧人所在的寺庙。
大殿
石塔
钟亭
砾石花园
这一时期，艺术正蓬勃发展！
青瓷仙鹤祥云瓶
莲花碗
铸铁佛头
青铜龙半身像（吓人！）
许多物品都装饰有佛教标记。
人们使用木版印刷来制作佛经《大藏经》。
高丽王希望这样做可以得到佛祖帮助，以对抗高丽的敌人。
积少成多……
我们也希望能发挥自己的作用！
我不知道他们为什么需要我们。
噢，钟匠大师，我给你又带了些青铜碗，拿去熔化吧。
非常感谢！
呀！
几个月以后……
咚！
一口巨大的青铜钟铸成了！钟声一响，僧人们就闻声赶来诵经。
我头都快炸了！
咚咚！
你说啥？我一个字都听不清！

## 奇妙万物的一天 — 沙岩石

你好！现在大约是1130年，我是一块沙岩石，正等着雕琢好后去修建吴哥窟。

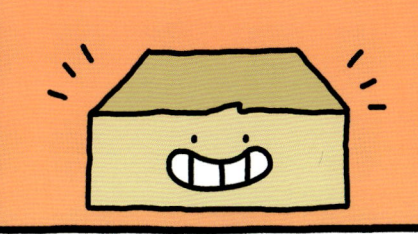

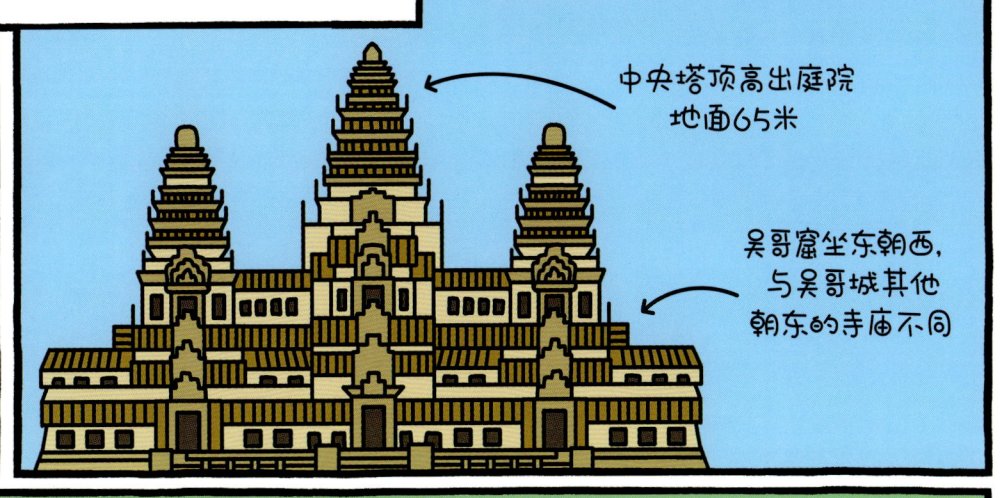

吴哥王城是高棉王国的都城，是现今柬埔寨古都。位于其南部的吴哥窟相当值得一看。

- 中央塔顶高出庭院地面65米
- 吴哥窟坐东朝西，与吴哥城其他朝东的寺庙不同

吴哥窟由高棉王国国王苏利耶跋摩二世下令修建，嗯，实际上，是约30万名劳工和6 000头大象的功劳。

- 寺庙的5座尖塔代表印度教神灵的故乡梅鲁山
- 寺庙的院墙代表宇宙的边缘
- 濠沟代表印度教神话中的宇宙之海
- 只有王室成员和僧侣才能进入寺庙

当然，我永远也不会见到国王——他就像神一样——大多数普通人也见不到他。

普通人住在城郊的简易茅草屋里。这些房屋是吊脚楼，可以避免被雨季洪水淹没。

"你觉得这场雨还会持续很久吗？"
"也就三四个月吧！"

不过，也许我最终会成为毗湿奴雕像的一部分呢。

吴哥窟很可能是用来供奉印度教庇护神毗湿奴的。

噢！看起来我很快就会找到答案了！

叮！铛！

不一会儿……

嘿！我变成国王了！

吴哥窟里保存着现存为数不多的苏利耶跋摩二世雕像。

# 挂毯工匠的秘密日记

1070年左右，英格兰一名盎格鲁-撒克逊刺绣工伊迪丝写下了下面的日记。

这就是我！

## 第1天

今天，坎特伯雷大教堂外的挂毯工坊发生了一件大新闻！工坊的主人梅布尔夫人说，我们要为一幅巨大的挂毯绣上诺曼王朝在威廉一世国王的率领下于1066年10月入侵英格兰的场景。这会儿我还因为我们的哈罗德国王（我的英雄！）被杀而耿耿于怀，于是我假装用针刺伤手指，来隐藏我的真实感受。

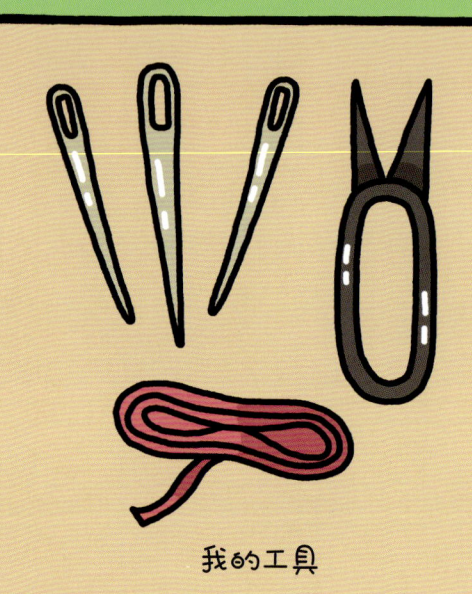

我的工具

令人恶心的奥多

## 第178天

又是在亚麻布上刺绣的一天。显而易见，绣品完成后将长达近70米！下午，诺曼底贝叶的奥多主教拜访了我们。他是国王的同父异母兄弟，他的形象多次出现在挂毯上。奥多提议，"挂毯"完工后可悬挂在他法国的大教堂里。真是傻瓜！这可不是挂毯，这是刺绣好吧。

## 第206天

我花了一上午时间来绣这颗于1066年出现在英格兰上空的火尾星。人们说,这是哈罗德(我的英雄!)的厄运迹象。可悲的是,他们是对的,这对我来说也是厄运。我在绣它时刺了手指五次!

## 第387天

我们现在正在绣战斗场景,当时威廉一世的骑士与哈罗德的步兵在黑斯廷斯的森拉克山上发生了冲突。哈罗德(我的英雄!)曾一度有获胜的希望,因为威廉一世的骑士们以为他们的首领已经被杀了。结果威廉一世却掀起头盔,向士兵们露了露脸,于是他们就再次集结了起来(真是可悲)。我试图让绣威廉一世的玛丽把他绣得丑一点儿,可她太害怕了,就没这样做。这或许也是明智的。

威廉一世召集队伍

## 第453天

终于要绣完了。哈罗德是我的英雄(我之前提到过没有?),是我绣完了他的最终时刻。从绣像中看不出来他是死于眼睛中箭还是剑击。不管怎么样,他仍然是我的英雄!

哈罗德国王永存不朽!

# 自动机械大师

**奇妙万物的一天**

你好！我叫贾扎里，我的全名非常非常长……现在大约是1205年。

我是一名发明家，时间对我来说意义重大。

← 简易蜡烛时钟

事实上，我甚至还建造了自己的报时机器！

所有的发明我都画了详细的图纸 →

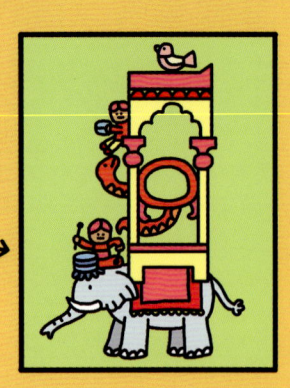

贾扎里是阿图克王宫（在今土耳其）的首席工程师。

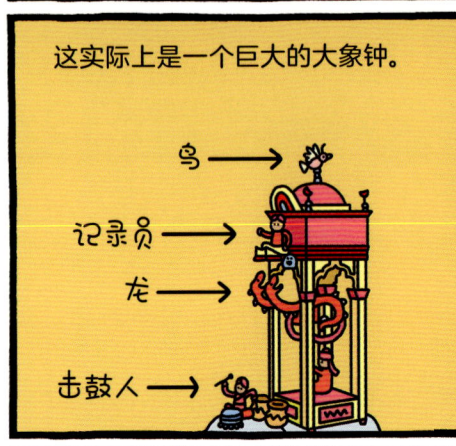

这实际上是一个巨大的大象钟。

鸟 →
记录员 →
龙 →
击鼓人 →

象钟由内部排出的水驱动。听！象钟要报时了！

啾啾！
咚！

时间对穆斯林来说非常重要。知道了时间，我们就能知道什么时候该祷告了。

该祷告了！
快去清真寺吧。

我还挤出时间制造了许多其他机器，而让我声名在外的，是我制造的那些被你们称为"机器人"的自动机械。

巨大的城堡形时钟与"机器人"音乐家

"机器人"女服务员，可提供水和冰茶

由机械牛驱动的水泵

我自己喝一口就够了。

我将自己的发明写成了一本简洁明了的书，书名是《巧妙机械装置知识之书》。

于1206年出版

这本书描述了50种不同的机械装置，包括首个水泵。

我会泵水！方法很酷哟。

啾啾！
咚！

喝茶吗，先生？

谢谢！已经喝上了。

# 死掉的绵羊

**奇妙万物的一天**

咩！我是1215年左右生活在英国的一只绵羊。我喜欢在田野里吃草，但下次你看到我，我就不是现在这个样子了。

嚼啊嚼！

我没说错吧！我的皮被制成了羊皮纸，一种用于书写的轻薄材料。

而且，我还是有史以来最重要的羊皮纸之一，上面记录了一份名为《大宪章》的文件，这份划时代的文件阐述了人们应享有的一些基本权利。

全文超过3 000个单词，用拉丁文手写而成。现今仅存四份副本

← 蜡封

我之所以存在，是因为下面的这个小物件。

英王约翰（1199—1216年在位）的皇家印章

约翰，又名"坏国王约翰"，他的确是一个坏国王，这主要是因为他不断地丧失东西。

他失去了大量的海外属地。

哎呀，我可真笨！

他失去了对国家的控制权，把它拱手让给了教皇。

是我的错！

他还经常失去理智。

我是国王！照我的吩咐去做！

最重要的是，约翰失去了富有的英国贵族的支持，因为他们也不得不为他的错误买单。

什么？你还想要更多的钱？

我是国王！照我的吩咐去做！

最终，25名男爵组织了一支军队，迫使国王同意他们制定好的宪章。

快签！

哪！

前途未卜啊。

《大宪章》于1215年6月15日由国王约翰盖章——而非签署——生效。

《大宪章》规定，国王不得凌驾于法律之上……

"任何自由人，如未经其同级贵族之依法裁判，或经国法判决，皆不得被逮捕，监禁，没收财产，剥夺法律保护权……"

这一条款至今仍是一项重要的法律原则。

当然了，约翰后来食言了，于是男爵们再次与他抗争，直到他于1216年10月去世。

唉！现在我连生命也失去了。

不过，《大宪章》却保存了下来。

我还是想念吃草的日子，咩！

## 奇妙万物的一天：蒙古可汗

**颤抖吧！现在是1225年，我是成吉思汗，伟大的征服者，蒙古帝国的缔造者！**

**我无所不能，下令不允许任何人为我画像。**

**我拥有庞大的帝国！它包括现今的蒙古、伊朗、伊拉克、俄罗斯部分地区和许多其他国家。在鼎盛时期，帝国疆域广大，是当时世界上陆地连续不间断的、最大的帝国。**

---

我出生于1162年，传说出生时手里抓着一团血块。

- 男孩还是女孩？
- 恐怕是未来的大将军。

我父亲是一个游牧部落的首领，常年与其他部落征战。

- 滚回老家去！
- 那没办法，我们可没有家！

当我长大后，我偶然发现了能带来和平的聪明方法，那就是在战斗中击败所有人！

---

到1206年，我先后统一了蒙古各部落，而我也被推为大汗。

- 成吉思汗！
- 它的意思是"强大"。
- 嗯，我喜欢这个称呼！

之后，我就开始四处征战，攻城略地，无往不胜。

- 你确定要破坏一切吗，先生？
- 你看不出来我在笑吗？

---

我对其他宗教很宽容，且禁止酷刑，还留下了成千上万的后代。

- 他的眼睛像我！
- 呃，的确是！

在我死后，我被安葬在一处没有标记的秘密墓穴里，而不是一些愚蠢的教堂。

- 祝你好运！

50年后，成吉思汗的第一幅肖像画被画了出来。

- 哎，我的眼睛可是绿色的！*

据信，8%的中亚男性都是成吉思汗的后裔。

成吉思汗于1227年去世，或许是从马背上跌落而死。

*或许吧……

# 奇妙万物的一天：毛利定居者

**kiaora（您好）！** 用我们毛利人的语言跟你打个招呼吧！

欢迎来到1300年左右的奥蒂罗，也就是现今的新西兰。

奥蒂罗的意思是"白云绵绵的地方"。我们漂洋过海，来此定居。

> 我们就不能找个阳光灿烂的地方吗？

毛利人的独木舟

波利尼西亚人跨越重洋，最后到达新西兰定居。

---

有一天，我们会自称"毛利人"。这个名称来自我们的语言，意思是"正常人"（而不是神）。

> 你瞧，我们并不自称为神。
> 这是讲给你自己听的吧！

说实话，我们已经有很多神了——有70多个呢！

- **朗基努伊**：天父
- **帕帕图阿努库**：地母
- **马陶允卡**：战神、人类始祖

---

我们还为祖先雕刻雕像，被称为"提基"。

> 他绝对是你家的亲戚。

我们把这些雕像放置在我们生活、狩猎和捕鱼的小村庄周围。噢，对了，我们也带来了一些老朋友！

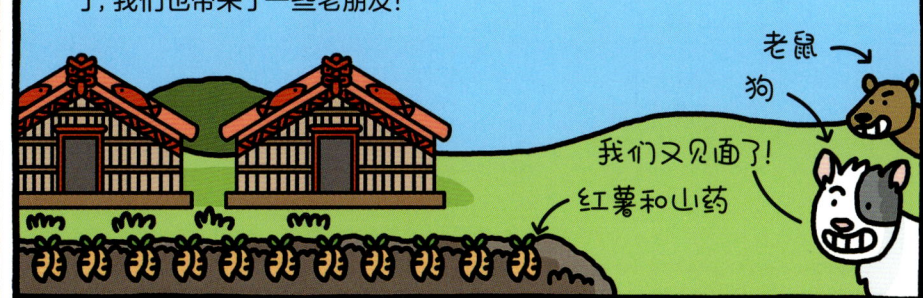

老鼠、狗、红薯和山药

> 我们又见面了！

---

我们最喜欢捕捉的动物之一，是一种3米高的巨型鸟，叫恐鸟。

> 我并不是很大，我只是骨架大！

这种鸟个头很大，却很容易捕捉，因为它们不会飞。

> 什么？这，这，这……
> 真好吃！

也许它们太容易捕捉了……

> 好饿啊！没有恐鸟了吗？
> 再没有恐鸟了，哎呀！

恐鸟最终被毛利人猎杀殆尽。

## 奇妙万物的一天 —— 信天翁

嘿！我是一只信天翁，鸟类世界的长途飞行家。现在大约是1320年。让我们来看看那个小岛。

这个岛当地称拉帕努伊岛，也就是复活节岛。岛上主要是波利尼西亚人，这里距离最近的陆地超过1 900公里。

哇，这里有一些看起来很威严的石雕像！

巨大的石雕像由软质火山岩雕刻而成

平均高度：4米

平均重量：12 000公斤

岛上有900多尊石雕像！

这些石雕像排成一排，站立在被称为"奥胡斯"的石头平台上，全都背朝大海。人们认为这些雕像可能代表了岛民的祖先。

有没有感觉你一直被盯着？

有些石像顶着巨大的红石"帽子"，很可能表示红色的头发。

我是天生的红头发！

许多石像都不是单一色彩，它们有着白色珊瑚眼睛和深色的瞳孔。

看起来不错！

岛民们从死火山上采集石材雕刻巨石像。

你确定这是死火山吗？

是的，刚才只是我的肚子在叫。

咕噜!!

接着，人们把巨石像从采石场运出来，将它们放到各自的位置上。至于这是怎么做到的，你们的历史学家至今也不清楚。

无可奉告！

不过我担心的是，岛民们再这样不断砍伐和焚烧大量树木，就什么也不会留下了。

倒了！

烧吧！

350年后……

哎呀，全都没了！

我之前怎么说来着？

如今，岛上的动植物已所剩无几。

# 新闻速递

中世纪是城堡和骑士的时代,也充斥着搏斗与战争,以及惨烈的死亡。

## 漫长的战争

在欧洲和地中海东岸,信仰不同的教徒展开"圣战",一些战争则更多的是直接掠夺土地和财富。英国人和法国人之间也起了冲突,持续了很长很长时间,历史学家称之为"百年战争"。事实上,这场战争持续了116年!

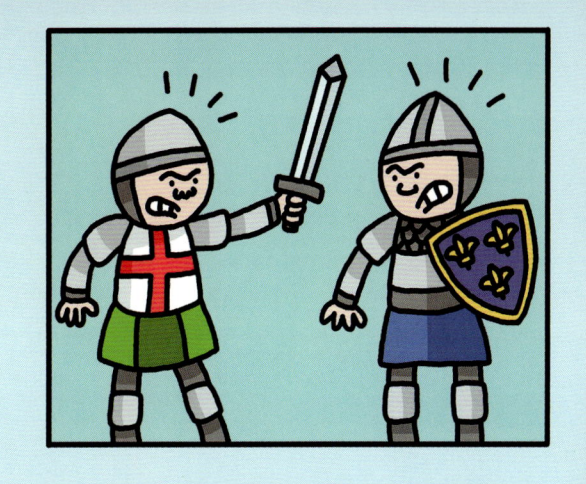

## 城墙

在14世纪的非洲南部,人们正在修建一座高筑城墙的城池。这座令人惊叹的城池最终将发展成一个国家——津巴布韦。

大津巴布韦的围墙城池

## 黑死病

一场瘟疫席卷了欧亚大陆,造成数亿人死亡,死亡人数大大超过了历史上的任何一场战争。在美洲,欧洲殖民者携带的疾病很快就感染了美洲大陆的土著,给他们造成相似的损伤。

## 最新消息

好消息!一位德国人发明了用铅活字大规模印刷书籍的方法。历史可能有它的至暗时刻,但至少我们现在能够读到了。

## 奇妙万物的一天：武士刀

嘿！欢迎来到1330年。我是一把武士刀，一把超级锋利、超级可怕、超级闪亮的钢铸宝刀。

你忘了提我了！

日本武士是为日本封建统治者服务的忠勇仆人。

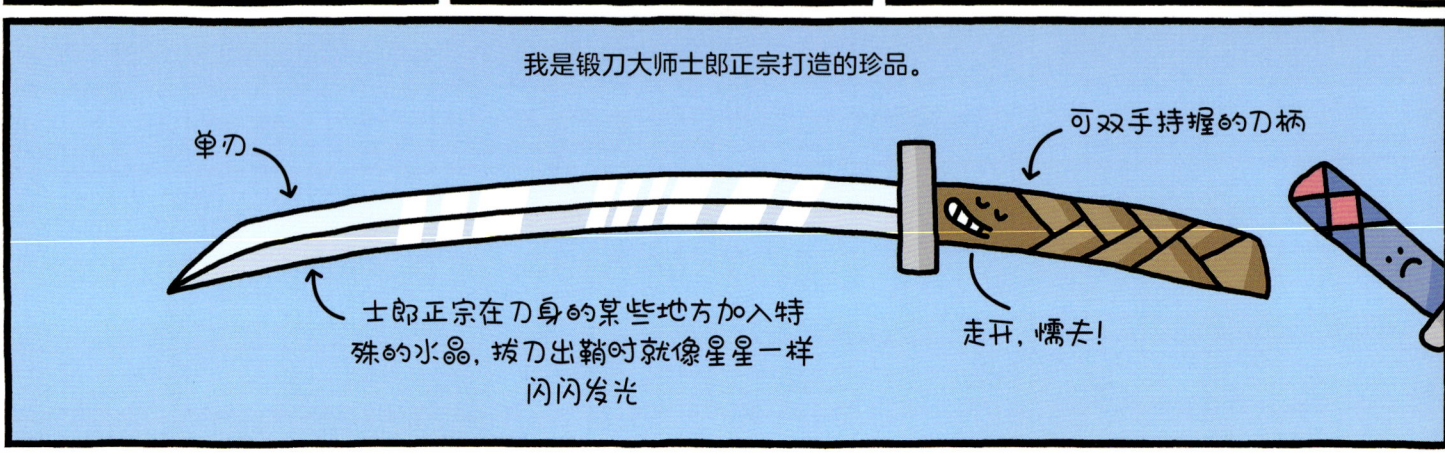

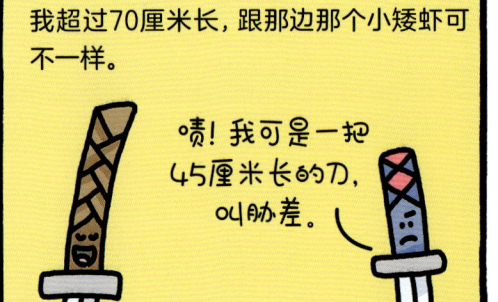

这是我的主人，正准备迎战。
- 强劲的竹弓
- 以丝绸装饰的精美盔甲和头盔
- 骑马和射箭是主要的武士技能

我是锻刀大师士郎正宗打造的珍品。
- 单刃
- 可双手持握的刀柄
- 士郎正宗在刀身的某些地方加入特殊的水晶，拔刀出鞘时就像星星一样闪闪发光

走开，懦夫！

我超过70厘米长，跟那边那个小矮虾可不一样。

啧！我可是一把45厘米长的刀，叫胁差。

主人要带我俩去战斗，这可是巨大的荣誉。

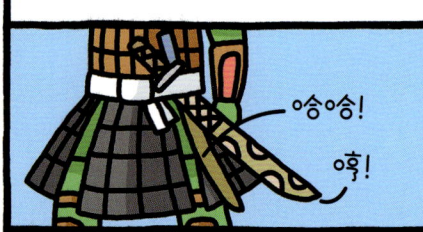

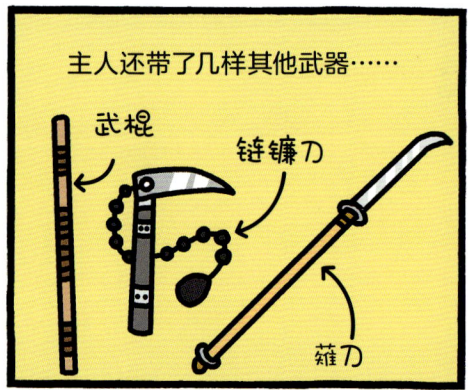

哈哈！哼！

主人还带了几样其他武器……
- 武棍
- 链镰刀
- 薙刀

幸运的是，武士并不只是作战。
- 参禅
- 写诗
- 作画
- 看书

他们还训练自己不怕疼。

呀，纸划伤了，真不走运！

我一点儿感觉都没有。

## 奇妙万物的一天: 皂石鸟

**你好！欢迎来到1380年左右的非洲南部。我是一只用皂石雕刻而成的鸟。**

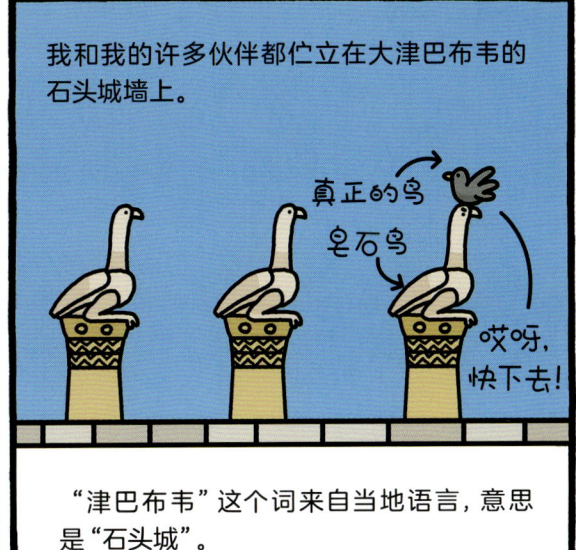

事实上，我比看上去更高，因为我蹲坐在1.5米高的石柱基座上。

真酷！

我和我的许多伙伴都伫立在大津巴布韦的石头城墙上。

真正的鸟 / 皂石鸟 / 哎呀，快下去！

"津巴布韦"这个词来自当地语言，意思是"石头城"。

这座城市由现代津巴布韦绍纳人的祖先建造，方便他们在附近开采黄金。

- 卫城，里面有诸多住房和作坊
- 带泥墙的达加石屋
- 神圣的山丘建筑群，内有洞穴和祭坛
- 城内居民

环形的城墙由花岗岩筑成，有些地方厚达5米！

让我进去！ / 啥？

人们可以在内外城墙之间行走，到达一座10米高的圆锥形石塔。

不好意思，我听不见！

可惜我不能走也不能飞，因为我是石头做的。唉！

今津巴布韦首都哈拉雷 / 大津巴布韦遗址

这里居住着数千居民，人们前往海边，与远道而来的外邦人交易黄金、铜和象牙，有的生意人甚至来自遥远的中国。

只要一直有黄金，我想他们就会一直留在这里。我当然也会。不过我可真羡慕那只真正的鸟啊！

这座城市在15世纪被遗弃。

600年后……

嘿，我终于飞起来了！

1980年，津巴布韦在其国旗上绣上了皂石鸟。

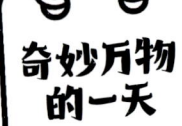

# 阿兹特克头骨

**奇妙万物的一天**

欢迎来到阿兹特克的特诺奇蒂特兰城。正如你所看到的,我是一个人类的头骨。我想现在大概是1375年。有人确定吗?

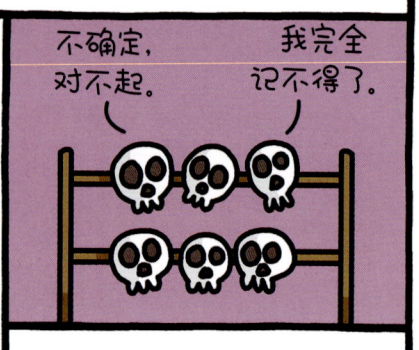

— 不确定,对不起。
— 我完全记不得了。

阿兹特克人将头骨展示在名为"骷髅头神庙"的架子上。

特诺奇蒂特兰是阿兹特克帝国的首都。

太平洋 — 特诺奇蒂特兰

至1521年末,帝国覆盖了墨西哥中部的大部分地区。

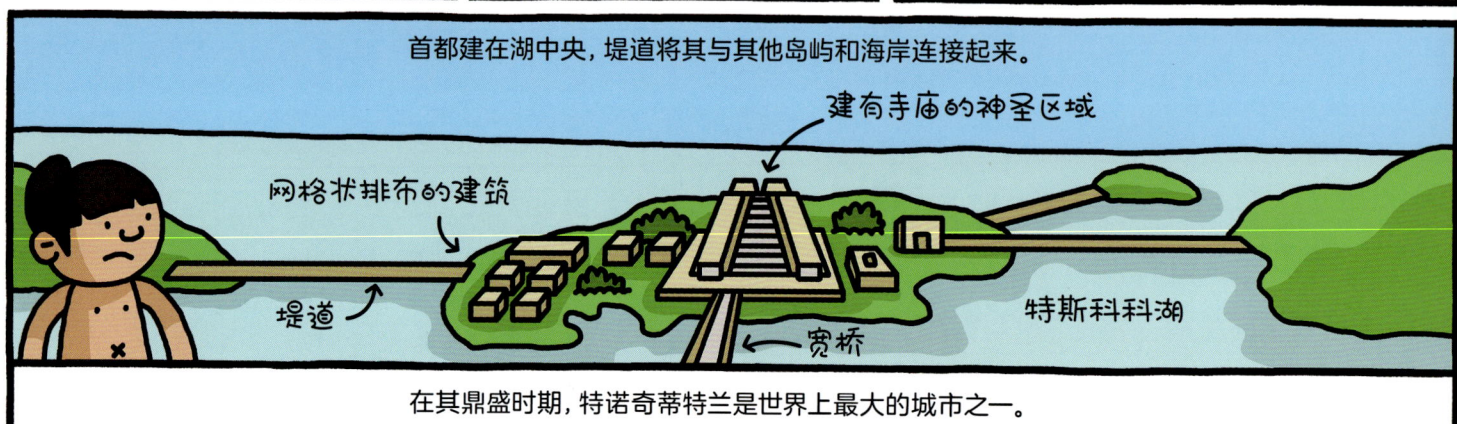

首都建在湖中央,堤道将其与其他岛屿和海岸连接起来。

- 网格状排布的建筑
- 建有寺庙的神圣区域
- 堤道
- 宽桥
- 特斯科科湖

在其鼎盛时期,特诺奇蒂特兰是世界上最大的城市之一。

我曾经在一座叫"奇南帕"的人工岛上种植玉米。

哎呀!漏水了!

结果有一天,我被选为献祭人,以取悦太阳神威齐洛波特利。

— 乐意帮忙吗?
— 除非是我能做的最后一件事!

在高高的神庙上,我的心被取出,献给神灵。

我想太阳神一定很高兴,因为他第二天又出现在天空上了!

阿兹特克人有200位神,每个都需要献祭。

仪式结束后,献祭人就只剩下这颗头了。

希望他们不要怪我。

— 伙计们,你们是怎么死的呢?
— 我被奴役了。
— 我在一场战斗中被俘虏了。

嗯,好吧,我想我们都必须得做出牺牲。

呃……

72

| 拓展知识 | # 厄运神庙 |

特诺奇蒂特兰城的中心是一座巨大的阶梯式金字塔形神庙，顶部有两个祭坛。阿兹特克人在这里供奉雨神特拉洛克和太阳神威齐洛波特利。这座神庙如今会举行万人祭仪式。

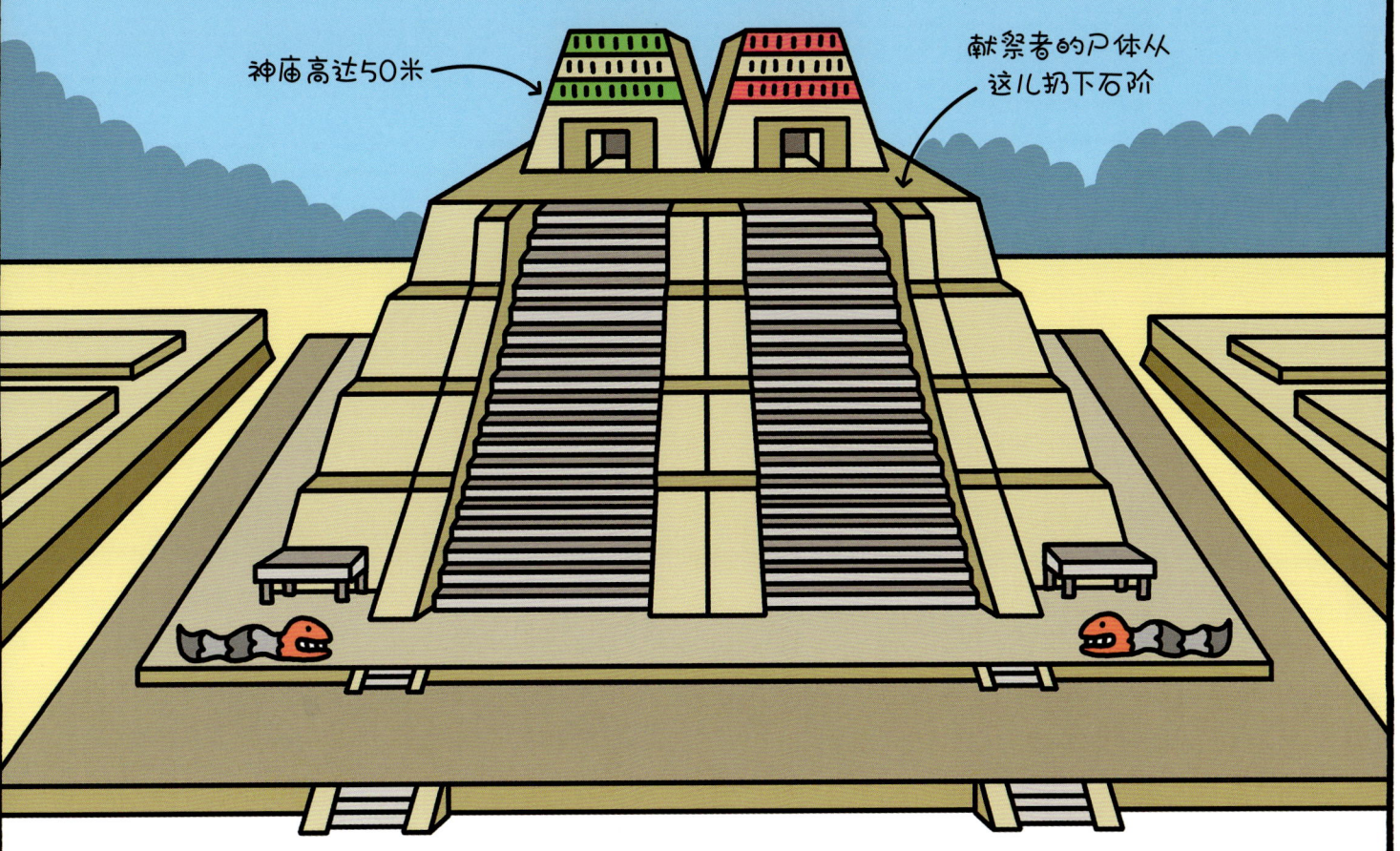

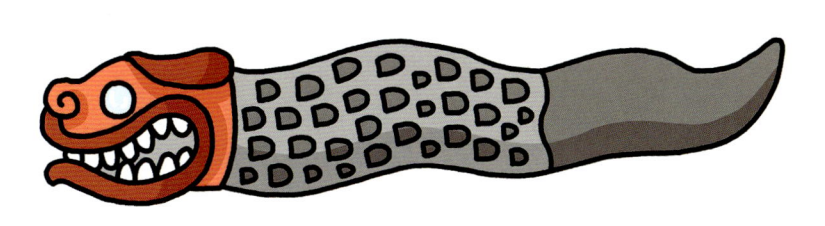

神庙高达50米

献祭者的尸体从这儿扔下石阶

神庙底部的蛇雕象征着金字塔代表的是科特佩（"蛇山"），也就是太阳神的出生地。

这块被称为"太阳石"的巨型石雕是在墨西哥城发现的，它曾经是神庙的一部分，描绘了阿兹特克神话中的世界。

## 奇妙万物的一天：瘟疫传播者

走开！这里是1350年的挪威卑尔根，我染上了大瘟疫。一切都是因为他！

是的！我的老婆……咳咳……怪我……咳咳……将瘟疫传染给了她。咳咳咳！

80%的感染者在染疫后8天内就会死去。

这种流行病始于亚洲西南部，并已蔓延到整个欧洲。

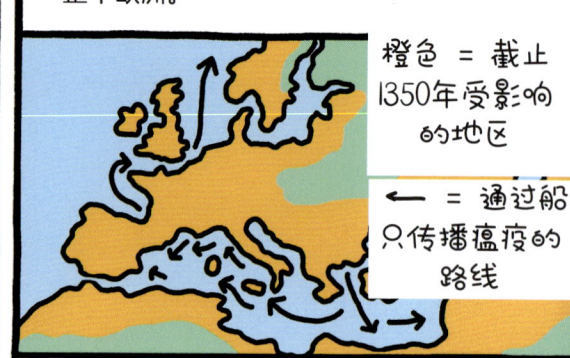

橙色 = 截止1350年受影响的地区

← = 通过船只传播瘟疫的路线

这场被人们称为"黑死病"的流行病，在1347年至1351年间夺走了2 400万欧洲人的生命。

这种疾病会导致颈部、腹股沟和腋下淋巴结肿胀，周围组织显著水肿，可有充血。

我可能看起来很可怕……但我可是很酷的！

各路"学者"对这场瘟疫做出了各种各样的解释。

木星、火星和土星在1345年3月20日排成了奇怪的一排。

地震导致释放出了"有害空气"。

上帝对恶人的惩罚。

别这样指着人，太粗鲁了！

最要命的是，我还被跳蚤咬了一口。咳咳！嘘！

来个特写……

我实在太饿了。我是一只寄生在人类身上的跳蚤，以人类的血液为食。我可不是孤单一个……

嗨！我是鼠蚤！

我们跳蚤藏在黑老鼠的皮毛里，就像下面这只，从英格兰乘船过来。我寄生的老鼠死了，所以我就开始寄生在人类身上。

嗨！

我们老鼠乘坐帆船以极快的速度穿越了欧亚大陆。我们一定是天生的航海家！对海洋的热爱流淌在我们的血液里！

再来个特写……

流淌在它血液里的可不是对海洋的热爱，而是我们！我们是一种致命的细菌，跳蚤叮咬、人际接触都可以传播。正是我们造成了黑死病。

很抱歉，我们害死了这么多人，改变了历史的进程。

我们只是做了致命的事情！

我还是觉得这是你的错！

不好意思，咳咳！

## 拓展知识 | 批量印刷

木版印刷是中国古代的伟大发明之一（参见第57页）。而在欧洲，手工制作书籍的过程一直缓慢而费力，但到了15世纪中叶，德国金匠约翰内斯·谷登堡发明了印刷机械，革命性地改变了这一切。

约翰内斯·谷登堡

谷登堡的印刷机使用金属活字，这种字模是将热铅合金倒入模具中制成的。

谷登堡最著名的印刷品是于1455年印刷的《圣经》。当时，《圣经》大多只有教会才有。而此后《圣经》得以大批量印刷，这意味着教会以外的人也可以阅读这本书了。

当时，欧洲仍然没有从黑死病的影响中恢复过来。黑死病极大地破坏了当时的社会结构。幸存者拥有了金钱，实现了阶层攀升，并有能力购买更多的物品，比如书籍。

书籍的大规模印刷也降低了其生产成本，使得更多的人可以拥有并阅读，思想因此得以传播，这也有助于现代世界的萌芽。你现在手里拿着的这本书就与谷登堡的伟大发明息息相关哟！

| 拓展知识 | # 橄榄形的世界 |

中世纪的世界地图看起来与现在的样子大不相同。下图是根据热那亚地图画的。热那亚地图绘制于1457年，作者未知。这幅图没有完整显示热那亚地图，但没显示的部分和已经画出来的部分一样有意思。

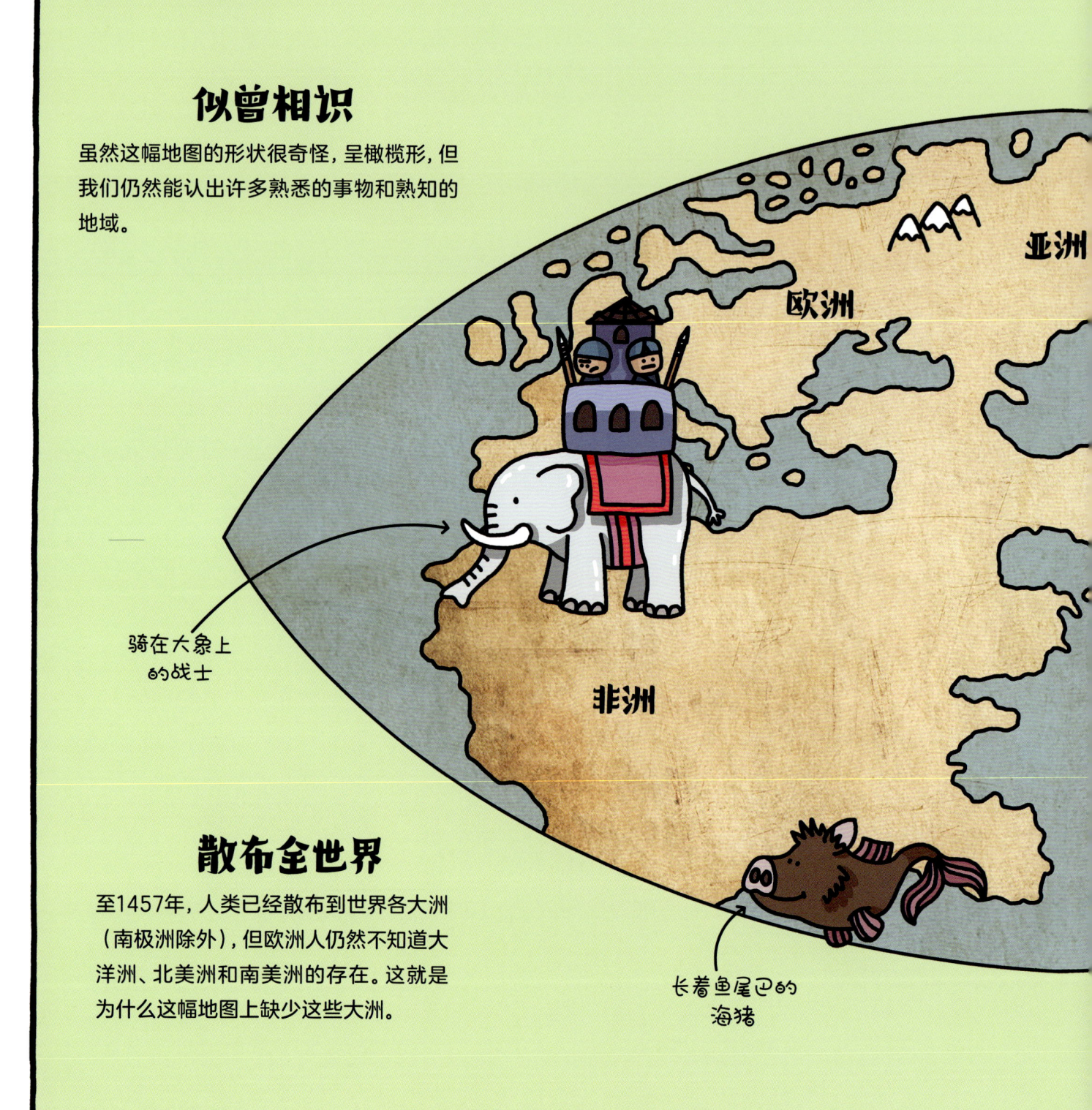

## 似曾相识

虽然这幅地图的形状很奇怪，呈橄榄形，但我们仍然能认出许多熟悉的事物和熟知的地域。

骑在大象上的战士

亚洲

欧洲

非洲

## 散布全世界

至1457年，人类已经散布到世界各大洲（南极洲除外），但欧洲人仍然不知道大洋洲、北美洲和南美洲的存在。这就是为什么这幅地图上缺少这些大洲。

长着鱼尾巴的海猪

## 神奇的生物

这幅地图除了对山脉和海岸线做出令人惊叹的精确描绘外，还画了一些非常奇怪的传说中的动物！其中的一些动物，如美人鱼，只是被制图者放进来填充空间的。

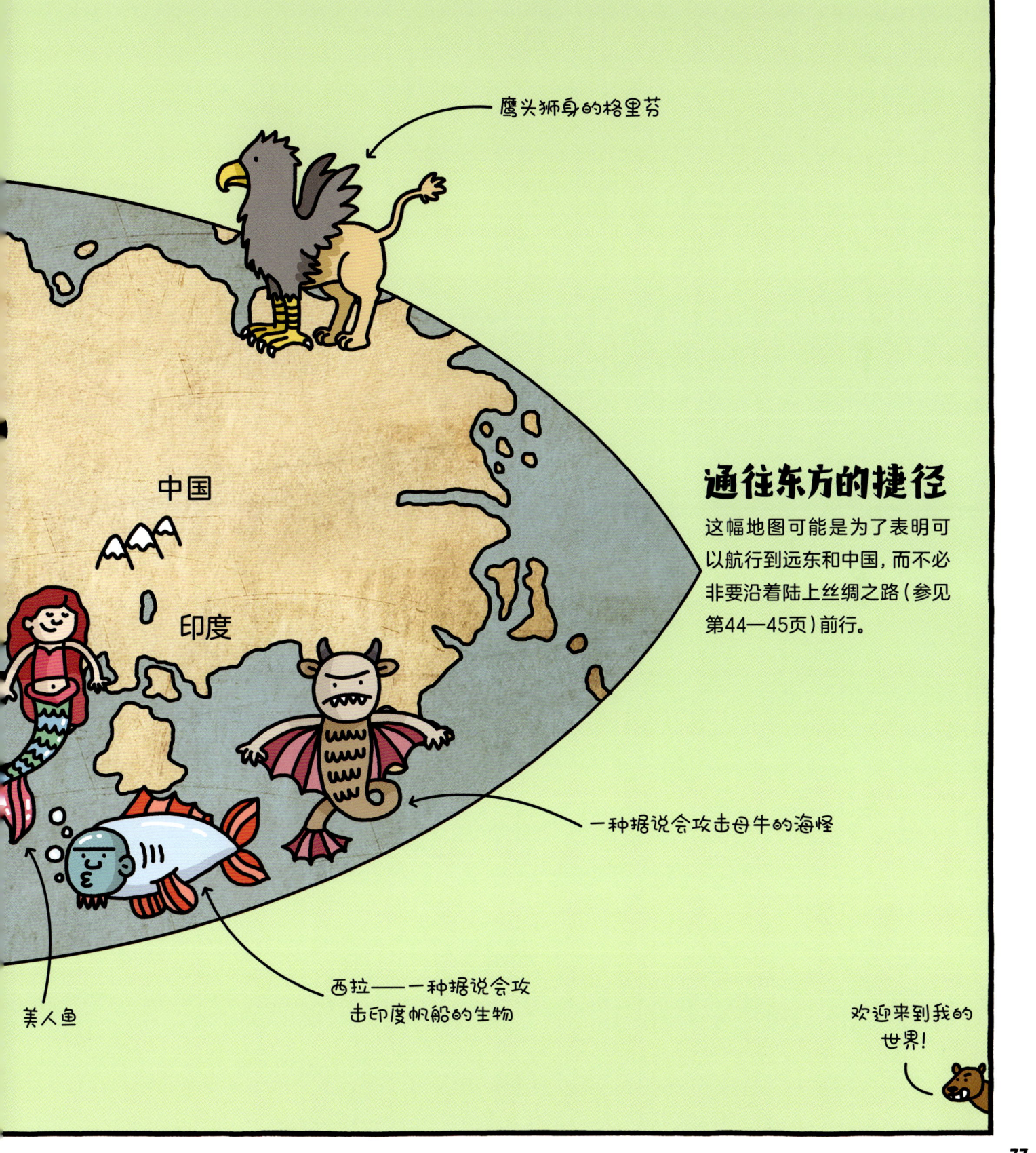

鹰头狮身的格里芬

中国

印度

## 通往东方的捷径

这幅地图可能是为了表明可以航行到远东和中国，而不必非要沿着陆上丝绸之路（参见第44—45页）前行。

一种据说会攻击母牛的海怪

美人鱼

西拉——一种据说会攻击印度帆船的生物

欢迎来到我的世界！

77

## 奇妙万物的一天 — 伟大的航海家

在西班牙王室的资助下,我,伟大的哥伦布,于1492年首次启航,寻找通往中国的新航路,因为丝绸之路(参见第44—45页)已然变得非常危险。

**现在是1498年。这里是海地岛,我是伟大的航海家克里斯托弗·哥伦布。**
— 我是一只鹦鹉。

**这是我第三次航行前往亚洲,寻找黄金和香料。**
— 我们到达的其实是美洲,但他不会承认的。

地图:西班牙 → 海地岛

**1492年10月12日,在圣玛丽亚号上,我成为第一个发现"新大陆"的欧洲人!**
— 嘟嘟……

**我听说是一名卑微的守望员首先发现了这块大陆,但哥伦布渴求荣耀和巨额奖励。此外,维京人早在500年前就在纽芬兰登陆了……**
— 我们能在这里抢些什么? — 这些葡萄还不错!

维京人称纽芬兰为"葡萄国度",因为那里到处都是葡萄。

**我登上了巴哈马群岛的一个岛屿,那里居住着一群友好的土著。**

**我称这些当地居民为印第安人!**
— 他还以为自己在印度呢,真是傻瓜!

**我四处航行,希望能找到一条通往中国的捷径。**
— 这附近一定有!

**运气不佳!于是我带着少量黄金、植物和我绑走的一些土著回到了西班牙。**

**不过,在后来的航行中,我们也给当地居民带去了马、牛、鸡、蜜蜂和宗教。**
— 这倒是真的……

— 还给他们带去了许多他们没法抵抗的疾病。
— 哎呀…… 真讨厌!

欧洲人携带的病毒杀死了90%的美洲土著。

# 近现代史

人类仿佛是一夜间飞越了过去的500年，历史学家称这一时期为近现代。在此期间，我们不仅学会了如何正儿八经地飞行，而且我们所做的每一件事都变得越来越快，包括人口增长和地球污染。

如今，我们可以更快、更方便地旅行、消费和交流，这是我们的祖先绝对想象不到的。我们还可以快速获取信息。不过，这一浪潮却植根于君主、征服、战争、入侵、发明、不平等和奴隶制。从中世纪跨越到近现代需要新的思维方式，而这一切都始于辉煌的意大利文艺复兴。

# 一块木板的秘密日记

1503年左右，画家莱昂纳多·达·芬奇工作室的一块木板写下了这份日记，谨摘录如下。

平凡又渺小的我

## 第1天

你好！我只是一块方正的杨木面板，没什么特别的。但今天，意大利佛罗伦萨著名的艺术家莱昂纳多·达·芬奇，选择用我来画一幅画！他年事已高，满脸大胡子，但很显然，他是个天才。

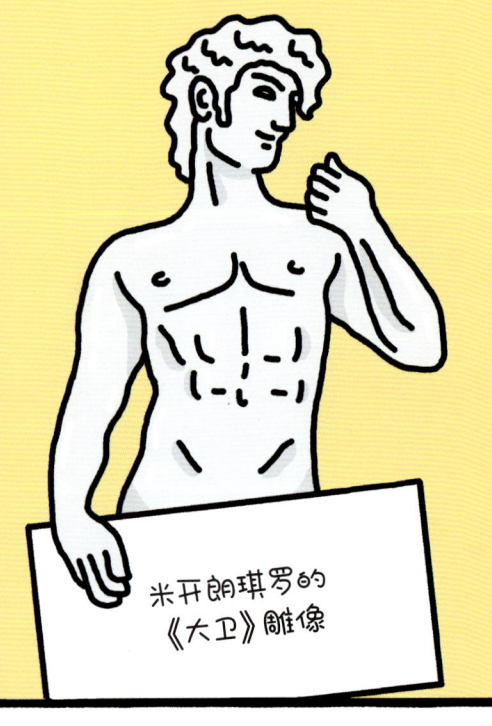

大胡子老爷爷

## 第2天

大胡子老爷爷开始用我画画了。我无法看到这个过程，但据我所知，他正在为一名叫盖拉尔迪尼的富家女画一幅肖像。作画过程中，大胡子老爷爷向女子讲述了他所认识的其他意大利艺术家。其中有位叫米开朗琪罗，正忙着雕刻一尊巨大的大卫石像，灵感来自圣经故事《大卫和哥利亚》。雕像高超过5米，赤身裸体。真令人害羞啊！我只希望大胡子老爷爷用我作的画能够衣着得体！

米开朗琪罗的《大卫》雕像

## 第15天

大胡子老爷爷今天再次请"蒙娜丽莎"女士来到了工作室,可我觉得她已经厌倦了,一动不动地坐在那儿。老爷爷于是请来几位音乐家,试图让她笑一笑。我不知道这一招会不会有用。也许他可以呵她的痒痒,就像他用画笔呵我的痒痒一样!

## 第25天

大胡子老爷爷还在呵我痒痒。他告诉丽莎,他今天在佛罗伦萨大教堂外碰到一些竞争对手。这个城市到处都是对艺术、建筑和科学有着新想法的人。大胡子老爷爷认为这是文化的"复兴"。但我想知道莱昂纳多、米开朗琪罗、多纳泰罗和拉斐尔这些名字,对未来的人们来说会不会有意义。对年轻人来说肯定是不会有意义的!

大教堂的大穹顶

## 400年后

好伤心,大胡子老爷爷于1519年去世了。他此前已经搬去了法国,只是这幅画还没有最终完工。不过这似乎并不要紧。我如今在巴黎的一家博物馆展出,很显然,我是世界上最著名的画作!难怪画里的"蒙娜丽莎"在微笑……不过,她真的在微笑吗?

## 奇妙万物的一天: 印加农夫

你好！现在是1532年，我是一名印加帝国的农夫。

我也是！

事实上，我们这里总共有1 000多万农夫。

哟！ 嘿！

我们在"塔万廷苏尤"（"四部之国"）生活和工作，这是我们帝国的名字，它是目前世界上最大的帝国。

印加帝国的版图包括现代秘鲁、厄瓜多尔、玻利维亚、阿根廷、智利和哥伦比亚的部分地区。

君王阿塔瓦尔帕和一小群贵族统治着我们，向我们征收税款和贡品。

玉米、红薯和其他作物　　羊驼毛织物　　豚鼠肉　　陶器和金属制品

他们还让我们无偿为他们做工。

这地方真是一个金矿！

又不是为我们开的。

但此时我们的土地正被西班牙殖民者践踏，他们开始称我们为"印加人"。

"印加"在他们的语言中意为"统治者"。

我们的战士只有棍棒和木矛，而殖民者们则带着枪炮、刀剑、战马和盔甲。在一场战斗中大约7 000名印加人丧生，而西班牙人却几乎没有伤亡。

砰！

我们的君王也成了西班牙人的囚徒。

这可不是对待太阳之子之道。

殖民者们还想劫掠我们的黄金白银，占为己有。

别担心，我们会给你们一些回报的。

给什么？

呃，天花、流感、白喉和其他一些你们无法抵抗的致命疾病。不好意思啦。

能让我们的国王回来吗？

数以百万计的印加人丧生，他们的帝国也于1533年结束。

## 奇妙万物的一天：地图制图大师

嘿，我叫赫拉尔杜斯·墨卡托。现在是1569年。

我居住在这里！

1541年墨卡托发明的地球仪

或者，这么看你可能会更好理解，我居住在这里——杜伊斯堡（位于今德国境内）。

1569年墨卡托绘制的地图

我因为编制这幅地图而举世闻名。地图由18张纸组成，可以像拼图一样拼接在一起。

我根据最新的可用信息编制出了自己的地图。

书籍和海图志中的内容　　水手的信件　　关于海怪的传说（这理所当然）

哇哦！　　嗷呜！

我为国王和贵族制作地图。

现在大多数人都知道世界像球一样是圆的，而不是像圆盘一样平坦。

不过这会儿可是1569年呀！

对于像我这样的制图者来说，难点在于如何在平面上显示地球表面。这有点儿像被压扁的橘皮。

这种方法被称为"投影"。

我用精妙的数学解决了这个问题，水手们都很喜欢这张地图！

从这张地图来看，我们只是在一条直线上航行啊！

但是，我的投影方法使得远离赤道的陆地看起来硕大无比。

哈哈！我好大呀！　　这不公平！

格陵兰岛　　非洲大陆

格陵兰岛实际上比地图上显示的要小得多。

如果用同样的方法，人看起来就会很奇怪。

这太疯狂了！我永远也不会有这么大尺码的鞋子！

今天的谷歌地图仍然在沿用墨卡托的投影技术！

## 奇妙万物的一天 — 女王陛下

你想干什么？现在是1588年，我是伊丽莎白，是英格兰、爱尔兰和威尔士的女王。对我可得尊重些！

哼！

好吧，这就够了。

我有权又有钱，还有点儿装腔作势。我喜欢让人给我画肖像，作为我权力的象征。

珠宝 → 
紧张的艺术家
丝绸长裙

我也十分幸运。今年早些时候，恶劣的天气阻止了西班牙舰队的入侵，那可是无敌舰队啊。

我们沉没了！
英国火战船

西班牙人之所以这么生气，是因为我是新教徒，而非天主教徒，而且我还拒绝嫁给他们的国王腓力二世。

我愿意！
可我不愿意！

1558年，在我同父异母的姐姐玛丽去世后，我登上了王位。姐姐是天主教女王，处决了许多新教徒。

从那以后，我就处决了很多天主教徒，以及背叛我、惹恼我的人。

有意见？
你是最棒的，这是实话！呼！

话又说回来，我的父亲亨利八世甚至还处决了我的妈妈安妮·博林！

噢，我还是一名优秀的演说家。事实上，在抗击无敌舰队时期，我曾发表了伟大的演讲集结部队。

我拥有君王的雄心抱负，也有对英格兰效忠的拳拳之心！
好极了！
说得好，女王陛下！

我只希望我能多有几颗牙齿！
口臭太厉害了！

伊丽莎白爱吃糖且讨厌牙医。

我得走了！脱下这件裙子得花好几个小时呢。再见！

| 拓展知识 | # 娱乐时间 |

伊丽莎白一世统治时期，恰逢欧洲文艺的黄金时代，莎士比亚的诗歌和戏剧也在这一时期大放异彩。去剧院看戏非常受欢迎，当时最著名的剧院之一是伦敦的环球剧院。下面这张剖面图显示了环球剧院的结构。

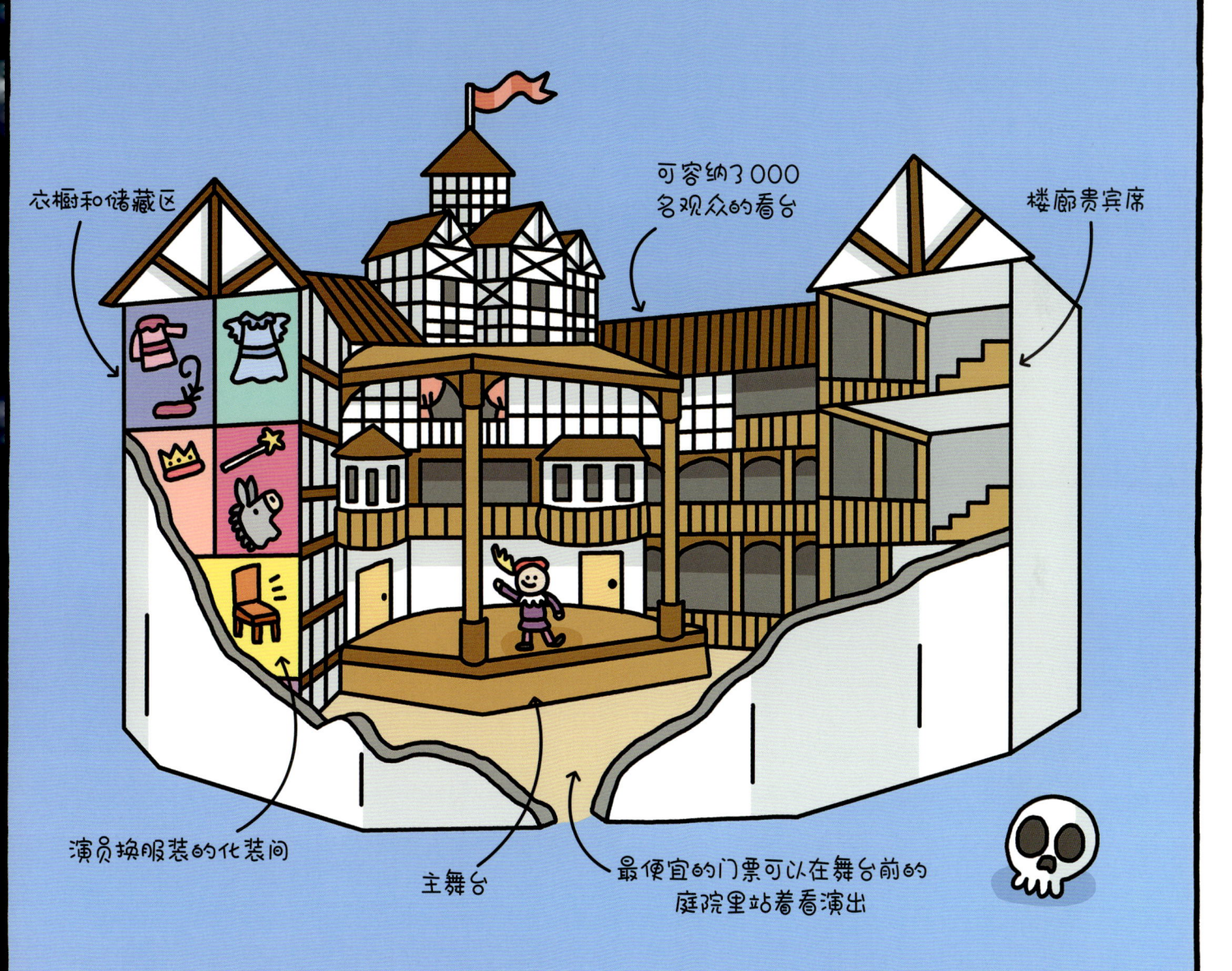

- 衣橱和储藏区
- 可容纳3 000名观众的看台
- 楼廊贵宾席
- 演员换服装的化装间
- 主舞台
- 最便宜的门票可以在舞台前的庭院里站着看演出

伊丽莎白时代的观众像今天的观众一样，会在剧院享用吃食。颇受欢迎的剧院食物有榛子、馅饼、贝类等。

环球剧院于1613年被烧毁，据信是被舞台上的大炮点燃的。除一名男子的马裤被烧着用麦芽酒扑灭以外，没有其他伤员。

# 莫卧儿艺术家

**奇妙万物的一天**

现在是1593年。欢迎来到莫卧儿帝国的首都德里。

我是一个叫穆昆德的细密画画家。看到我有多渺小了吗?

↑椰子

开个小小的玩笑啦!其实我是创作小型水彩画的,名叫"细密画"。

- 鲜艳的颜色
- 经常加入金箔
- 对人物和动植物刻画精细

我运用透视原理让自己看起来很小。这种技巧在我们的画作中也很重要。

←远小
↗近大

我是100位宫廷画家的一员,受命为阿克巴大帝绘制细密画。

阿克巴大帝(1556—1605年在位)

阿克巴和他的军队征服了南亚次大陆的大部分地区。

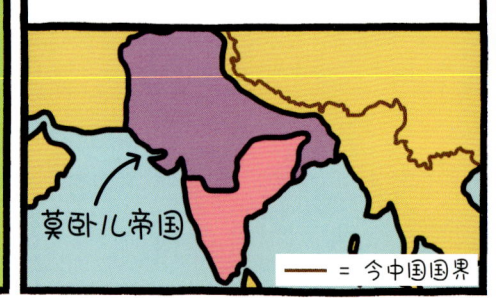

莫卧儿帝国

—— = 今中国国界

当然了,这意味着双手很难不沾染鲜血。

哎呀……不好意思啦。

↘这种姿势在莫卧儿绘画中很常见

阿克巴拥有一个图书馆,里面藏有来自不同文化和宗教的24 000多本书。

万岁!我们永远不会挨饿啦!

但他自己却几乎不能阅读!

哎,老提这个干吗!

尽管如此,我们艺术家却正忙于给一本书绘插图,描述他那丰富多彩的生活。

这本书被称为《阿克巴传》,里面配有114幅莫卧儿画作。

阿克巴对大象很是痴迷。他拥有数百头大象,插图中也多次出现大象的形象。

他有一个庞大的象群!

您觉得怎么样?

嗯……

再多画些大象!

86

# 新闻速递

近代世界的早期充满了新视野和大发现。

## "新大陆"

西班牙入侵美洲后,其他欧洲各国也纷纷效仿,有些人意在"新大陆"寻求新的生活。然而,这些新定居者的到来却扰乱了当地居民的社会和生活。

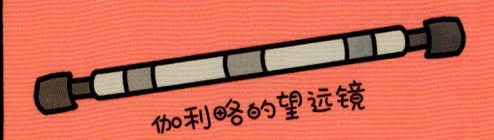

## 惊人的发现

伽利略的望远镜

随着显微镜和望远镜的发明,科学揭开了更多的新世界,人类借助它们看到了细胞和恒星,并引发了人类在宇宙中所处位置的大讨论。

## 贸易兴起

荷兰东印度公司是世界上第一家大型贸易公司。它将印度的丝绸和香料运到欧洲,一些商人因此变得非常富有。然而,这家公司的无情扩张也伤害了印度人民。

泰姬陵花了22年才建成。

## 新规则

在英国内战期间,1649年,国王查理一世被送上了断头台,共和国(即不受君主统治的国家)成立,这一状态持续了11年。其他一些统治者就幸运得多了。法国国王路易十四在凡尔赛建造了一座闪闪发光的新宫殿。而在印度,莫卧儿皇帝沙贾汗则建造了泰姬陵,以纪念他的妃子。

## 奇妙万物的一天：波瓦坦酋长

你好！我是欧佩詹坎诺，是美洲东北部波瓦坦部落的首领。

根据这些英国殖民者的说法，现在是1619年。他们滚回家的时候到了！

他们在我们的土地上建立了殖民地，并以他们国王的名字命名为詹姆斯敦。我们则称这个地方为塔斯纳科玛克。

粉色 = 波瓦坦联盟领地

英国人称我们的土地为"弗吉尼亚",这是他们已经去世的"童贞女王"伊丽莎白一世的名字。

我又来了！只是这次我已经死了。

几个世纪以来,我们的族民一直和平地生活在这里。

种植玉米和南瓜 | 划独木舟 | 住在叫作耶金斯的小屋里

好吧,我们偶尔也会起冲突。
敌对的部落有时会互相作战。

我们还狩猎看起来很美味的野生动物。
该死的人类！

我们曾和英国人友好相处了一段时间……

但现在,他们侵占了我们更多的土地,还违背非洲人民的意愿,把他们带过来为自己工作。
大约20名来自安哥拉的俘虏于1619年8月抵达。

这些都是不对的,这儿可是我们的土地。
嗯哼,我同意……

英国殖民者摧毁了我们在波瓦坦的定居点。他们还捕杀美洲野牛,使其濒临灭绝。

| 拓展知识 | **不速之客** |

从15世纪早期到17世纪末期，欧洲进入了征服和殖民的时代。欧洲航海者和冒险家们在这段时期"发现"的许多地方都已经有了定居者，且拥有自己的文化、宗教和生活方式。而这一切却常常被这些外来者所颠覆，他们强夺土地，以获取财富、权力，扩张帝国版图。欧洲人还带来了新的疾病和破坏性的动植物。此外，他们奴役当地居民为自己做工。"殖民地"通常意味着灾难。

这幅现代世界地图显示了截至1700年欧洲主要殖民地的分布情况。

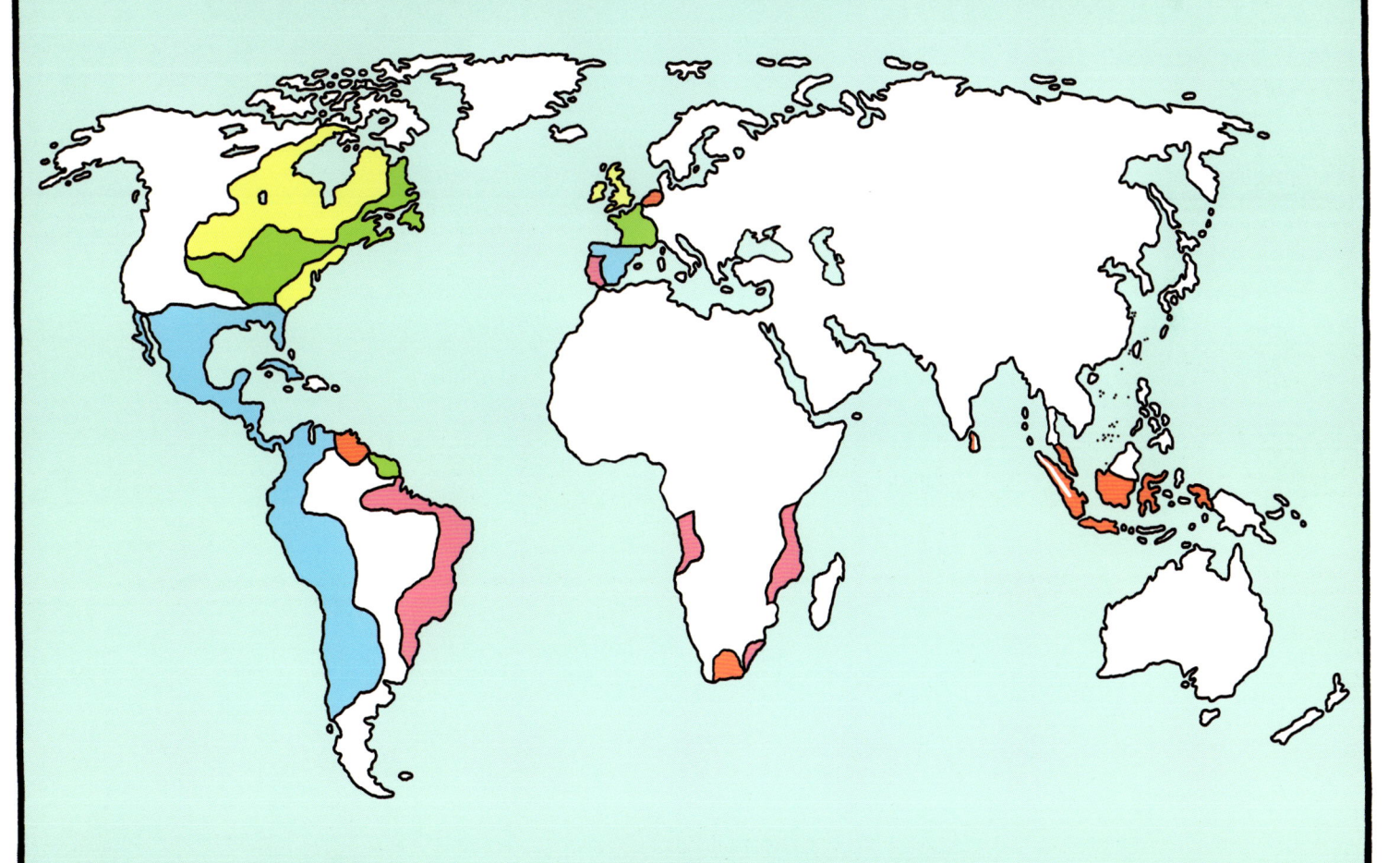

- 荷兰及其殖民地、贸易站
- 法国及其殖民地、贸易站
- 西班牙及其殖民地、贸易站
- 葡萄牙及其殖民地、贸易站
- 英国及其殖民地、贸易站

奇妙万物的一天
天文学家
你好！现在是1634年。我是天才的意大利天文学家伽利略·伽利雷。太好了，他们给我起了两次名字！
啊呃……
沉默。
好了，让我来给你展示我们现在所处的位置。
我们在这里！在地球上……
地球
月球
水星
太阳
金星
火星
不过，可不要让教皇知道我告诉你的事情。
由于罗马天主教会的教皇乌尔班八世下令，我目前被软禁在佛罗伦萨郊外的别墅里。
我们没让伽利略受折磨，他应该感激。他可是幸运儿！
教皇乌尔班八世和许多基督徒深信，地球才是宇宙的中心。大错特错！
这个观点可以追溯到亚里士多德。
是我的错！
来摔跤吧！
参见第34页。
我用新发明的望远镜来观测天空。我有很多自制的望远镜。
长1.2米
我用望远镜看到了许多令人惊叹的景象。
月球上的陨石坑
木星的卫星和土星环
愤怒的邻居们
别再用那个玩意儿指着我！
我还发现了太阳上的暗黑斑点。
哦，好吧……大家都会有的！
永远不要直视太阳。
但是，所有这些发现都与教会的宗教信仰相冲突，他们认为宇宙是完美的。
而你并不完美！
因此，为了保命，我不得不说我错了。
是我的错！
哈哈！
伽利略一直被软禁，直到1642年去世。

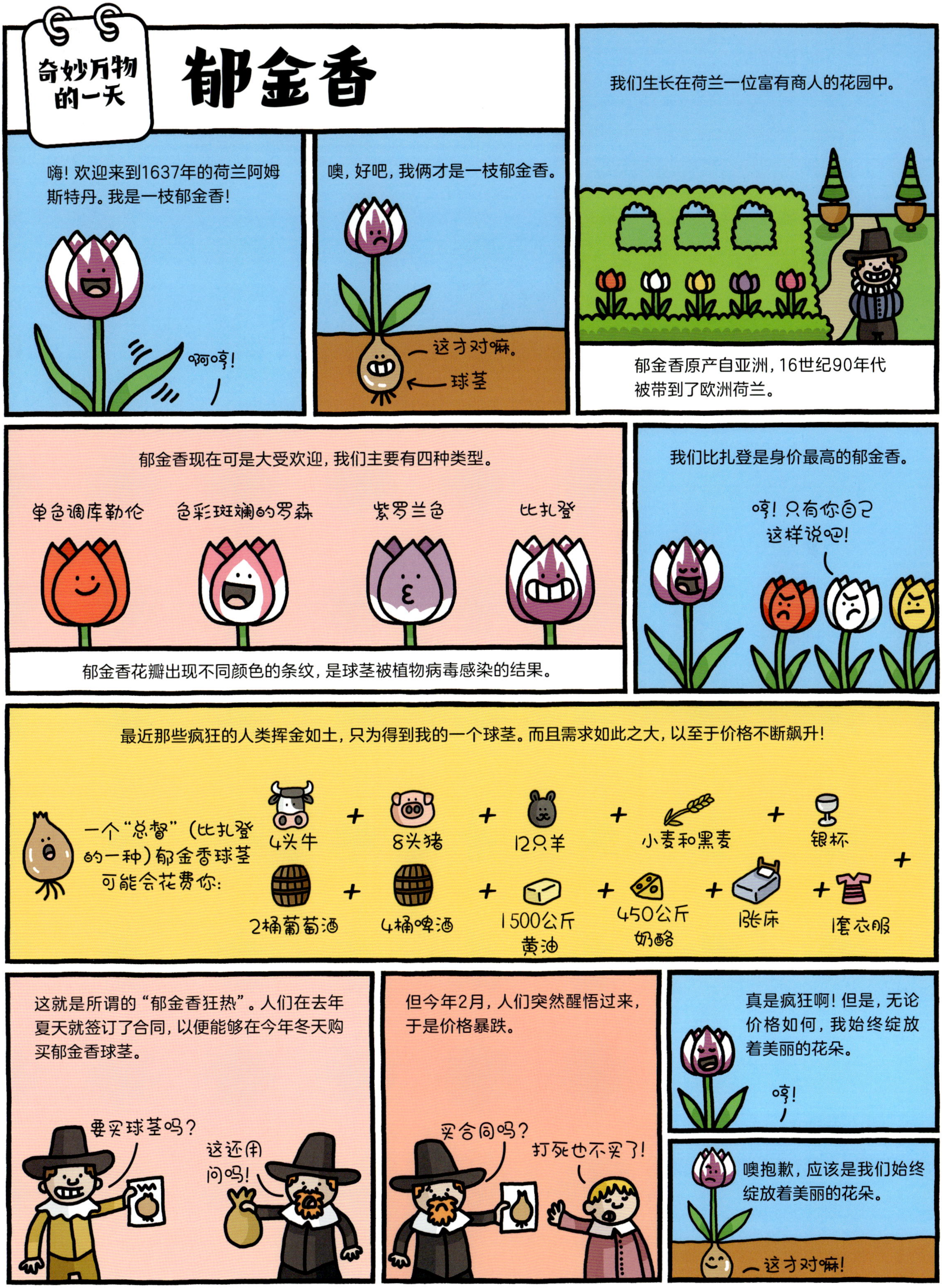

# 郁金香

**奇妙万物的一天**

嗨！欢迎来到1637年的荷兰阿姆斯特丹。我是一枝郁金香！

啊哼！

噢，好吧，我俩才是一枝郁金香。

← 这才对嘛。
← 球茎

我们生长在荷兰一位富有商人的花园中。

郁金香原产自亚洲，16世纪90年代被带到了欧洲荷兰。

郁金香现在可是大受欢迎，我们主要有四种类型。

单色调库勒伦　色彩斑斓的罗森　紫罗兰色　比扎登

郁金香花瓣出现不同颜色的条纹，是球茎被植物病毒感染的结果。

我们比扎登是身价最高的郁金香。

哼！只有你自己这样说吧！

最近那些疯狂的人类挥金如土，只为得到我的一个球茎。而且需求如此之大，以至于价格不断飙升！

一个"总督"（比扎登的一种）郁金香球茎可能会花费你：

4头牛 + 8头猪 + 12只羊 + 小麦和黑麦 + 银杯 +
2桶葡萄酒 + 4桶啤酒 + 1500公斤黄油 + 450公斤奶酪 + 1张床 + 1套衣服

这就是所谓的"郁金香狂热"。人们在去年夏天就签订了合同，以便能够在今年冬天购买郁金香球茎。

要买球茎吗？
这还用问吗！

但今年2月，人们突然醒悟过来，于是价格暴跌。

买合同吗？
打死也不买了！

真是疯狂啊！但是，无论价格如何，我始终绽放着美丽的花朵。

哼！

噢抱歉，应该是我们始终绽放着美丽的花朵。

← 这才对嘛！

# 猫咪的秘密日记

英国科学家牛顿养了一只名叫斯皮特海德的猫，这是它记下的日记。

一个真正的天才（我）和牛顿先生

## 1666年6月14日，星期一

今天，我的主人牛顿先生回到了他的乡间别墅伍尔索普庄园。他是一位炙手可热的科学家，在剑桥一所大学工作。目前这所大学已经关闭，因为人们担心肆虐伦敦的大瘟疫袭来。好吧，我们这里其实也有瘟疫——老鼠！

我们这儿的瘟疫

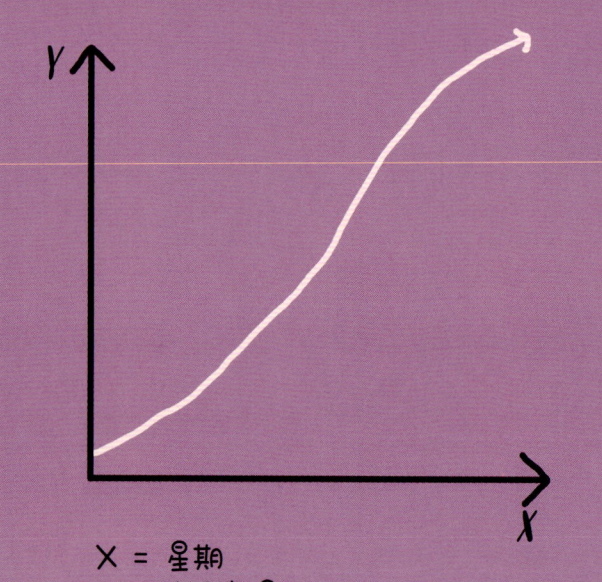

## 1666年6月18日，星期五

这一周，牛顿先生一直都在努力研究一种新的数学理论——微积分。我给他带回一只死老鼠，他用这种新数学理论画了一幅图，向我展示了我们很快就会有多少只老鼠。我不太明白这些，所以我只是大声地咕噜着。

X = 星期
Y = 老鼠数量

## 1666年7月8日，星期四

我推开牛顿先生书房的门，发现他坐在一片黑暗中，只有一束明亮的阳光穿过百叶窗上的一个洞射进来。光线落在一块奇形怪状的玻璃上，发散出多种颜色，像彩虹一样。也许这就是彩虹形成的原理？

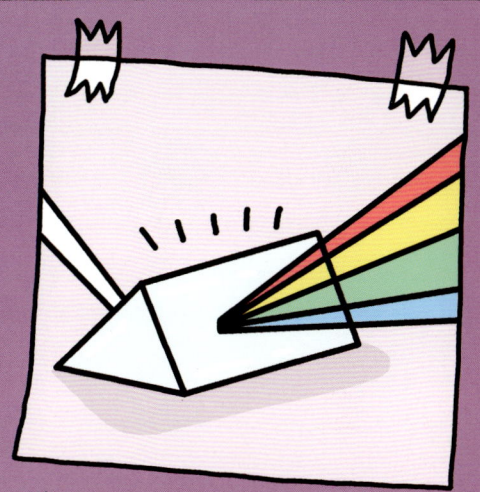

牛顿先生称这块玻璃为"棱镜"

## 1666年8月14日，星期六

现在书房门上开了个让我出入的小门，这样我就可以自由进出，而不会打扰牛顿先生。今晚，他正透过窗户望着月亮。"我在想，是什么无形的力量让月亮一直围着地球转呢，斯皮特海德？"他问道。

## 1666年9月5日，星期日

太尴尬了！今天早些时候，我被困在一棵苹果树上了，牛顿先生不得不来救我。我跳到他身上时，将一个苹果撞掉在地。他看着这个苹果，喃喃地说了一句"万有引力"。谁知道这是啥意思呢？不过，他倒是给了我一些鱼做晚餐。真是不错！

## 21年后

我现在是一只老猫了，但幸运的是，我在有生之年看到了牛顿先生被誉为"天才"。他出版了关于"万有引力"的书，阐述了行星和彗星是如何围绕太阳公转的。噢，还有关于物体运动的"三大运动定律"。他干得可真棒，不过，既然他这么聪明的话，那从现在开始就自己捉老鼠吧！

我和牛顿先生的书

# 新闻速递

到18世纪，人们开始将法律掌握在自己的手中——无论是公海上的海盗，还是法国推翻君主制的公民。

## 加勒比海盗

随着海洋成为世界贸易的"高速公路"，过往船只显然成为海盗掠夺的目标。许多被袭击的船只正带着从美洲殖民地掠夺的宝藏返回西班牙。这倒不是说海盗打算归还它们！

## 彼得大帝

欧洲最大的帝国俄国当时几乎没有海军。年轻的沙皇（也就是国王）彼得大帝决心改变这一情况。他在国外学习现代技术，但他的国家仍然是以农民和农奴为主的农业国家。

## 革命！

在法国，接二连三的歉收导致饥饿的人们在街头向国王路易十六抗议。随之而来的血腥革命结束了王室1 000年的统治。

## 澳大利亚

在世界的另一边，欧洲人正忙于侵入另一个新大陆。早期的荷兰探险家称它为"新荷兰"，但后来的英国殖民者将其重新命名为"澳大利亚"，完全没有顾及那里土著的想法。

## 奇妙万物的一天：海盗旗

哎！你没有恐高症吧？

希望如此吧，因为现在是1720年，此刻我正乘坐海盗船高飞！

呼啦啦！

我是约翰·"杰克"·拉克姆船长从一艘船上偷来的一面旗，就在加勒比海的牙买加岛附近。

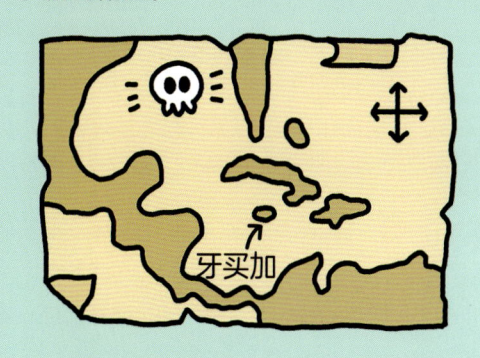

牙买加

海盗通常是英国船员，他们袭击从美洲将财富带回欧洲的船只。

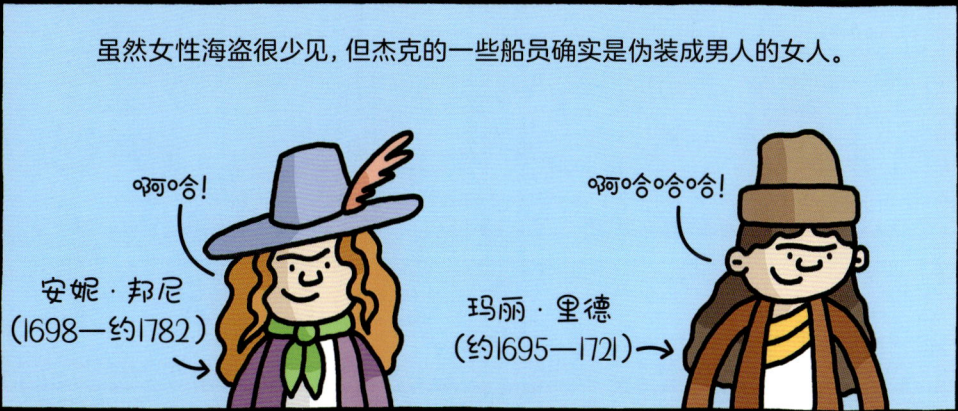

杰克船长绰号"印花布杰克"，因为他喜欢穿一种印花布。

啊哈！的确是！

虽然女性海盗很少见，但杰克的一些船员确实是伪装成男人的女人。

啊哈！
安妮·邦尼（1698—约1782）

啊哈哈哈！
玛丽·里德（约1695—1721）

当然了，海盗虽然令人讨厌，但他们实际上也有不为人知的行为准则。

平等投票决定重要事项 | 分配财务时设定份额 | 船上禁止赌博 | 伤残的人会得到赔付

此外，他们更愿意吓唬受害者，而不愿随意开战。

啊哈！这就是为什么我在头发上穿了导火丝！

呼呼！

"黑胡子"爱德华·蒂奇

话说回来，我们"快乐罗杰"旗只有在发动攻击前才会飘扬……祝我好运吧！

呼啦啦！

啊！他们击中我了！

印花布杰克1720年11月被俘虏后被杀害。

## 奇妙万物的一天 — 俄国大胡子

欢迎来到1705年的俄国。奇怪吧，我是一把胡子！

通常，挂在我上面的嘴巴承包了所有的谈话任务。

没错，就是这样！

但是我发现我也有必要发声了，这得多亏这个家伙——彼得大帝，俄国沙皇。

叫我"大帝"就好！

彼得大帝打算建立一支正规的海陆军，并迁都新首都，以此将昏昏欲睡的俄国拖入现代世界。

即将推出：圣彼得堡

这当然是以我的名字命名的啦！

为了达成这一目标，他于1697至1698年巡游了欧洲……

英国　荷兰　奥地利

并带回了很多新的想法！

其中一个就是俄国人应该穿着更现代的衣服。

亲爱的，你穿得也太老套了！

旧款　新款

大胡子也因看起来太腐旧而被禁止。如不遵守，警察有权给你剪掉！

咔嚓！

只有神职人员和农民才被允许蓄留。

这把大胡子可是我唯一拥有的东西！

如果你真的想留胡子的话，你就得缴税以获得一个特制的令牌，表明你已经付过税了。留着大胡子的富商每年要缴纳100卢布的税！

已纳胡须税 胡须是多余的负担 ← 胡须令牌

只是，我的主人还没有缴税。我该躲起来了！

您好，警官！　嗯……

这项税收一直持续到1772年。

呼！差一点儿胡子就被剃掉了。

大胡子，我在找你！

幸亏没被发现，谢天谢地。

| 拓展知识 | **叶卡捷琳娜大帝** |

彼得大帝于1725年去世后，俄国接下来的很多统治者都很短命。1762年，彼得三世皇帝在位6个月后去世，他的妻子叶卡捷琳娜成为俄国女皇。事实上，叶卡捷琳娜是18世纪俄国4位女性统治者之一，这在当时的世界非同寻常。

叶卡捷琳娜统治了俄国34年，是俄国在位时间最长的皇帝。后世尊称她为叶卡捷琳娜大帝，尽管她原名叫索菲亚，且出生于现今的波兰，而不是俄国。

在女皇统治期间，莫斯科瓦西里升天教堂的圆顶增添了新的色彩

许多典型的俄式事物发展于17、18世纪，直到今天仍然很受欢迎。

传统俄式餐具霍赫洛马

俄式茶壶，一种带装饰的金属容器，用于煮茶水

俄式三弦琴，一种类似吉他的乐器，有三根弦和一个三角形的琴身

1704年，俄国成为第一个采用十进制货币体系的国家，以十和百为单位

## 奇妙万物的一天：被砍下的头颅

你好！欢迎来到1793年法国的巴黎。这很奇怪，不是吗？

我是一颗被砍下来的头颅，挂在长矛上，所以我能更清楚地看到正在发生的事情。

法国发生了一场革命，一大群平民正在围观贵族们被送上断头台砍下头颅。

> 还有什么遗言吗？
> 断头台
> 请别砍得太靠后，谢谢。

这场革命爆发于1789年，当时平民们忍饥挨饿，而王室、贵族和神职人员却过着奢华无比的生活。

> 真令人作呕！
> 我们要反抗！
> 人人平等！
> 我们也生气！

1789年7月14日，巴黎人民攻占了象征权威的巴士底狱。

> 闯入监狱似乎很奇怪……

当年晚些时候，一大群妇女在国王路易十六和玛丽·安托瓦内特王后的宫殿外游行，要求他们解决食品短缺问题。

> 人民正在挨饿！
> 亲爱的，你拿着蛋糕是要等谁一起吃吗？
> 哼，平民！

成千上万的人在争取平等的斗争中丧生，包括1793年1月被送上断头台的国王。

> 但我可是国家首脑！
> 没多少时日了！

法国成为由人民治理的共和国。不久之后，人人憎恨的玛丽·安托瓦内特王后也被处决了。

> 呃，脖子真疼！

> 我曾是一个普通公民。你呢？
> 我以前可是王后！

> 好吧，那我们现在平等了。
> 哼！

# 船上的猫

**奇妙万物的一天**

喵！现在是1802年。我是特里姆，英国海军调查者号的首席指挥官。

不过当然了，这个人——马修·弗林德斯船长——认为自己才是船上掌权的人。（他才不是呢。）

我的任务就是睡觉和捕捉老鼠，而他则负责绕着这个巨大的岛屿航行，并绘制海岸线图。

新荷兰 | 新南威尔士 | 悉尼

弗林德斯的航行从1802年7月持续到1803年6月。

荷兰和英国入侵者已经命名了这座大岛屿的部分地区，但弗林德斯却想把整座岛称为"澳大利亚"。

不过，岛上已经有人居住了，并且已经在这里生活了5万年。可以理解，他们并不总是很高兴看到我们。

看起来我们来客人了……

是来"害虫"了吧。

澳大利亚的第一批居民，今天被称为澳大利亚土著人。

他们有500多个不同的部落，每个部落都有自己的语言和文化，这些语言和文化已经发展了数千年。

梦幻时光：创世故事 | 回旋镖：捕猎工具 | 迪吉里杜管：一种乐器 | 圣地，如乌鲁鲁巨石

我们的船员邦加里是一位可以与当地人交谈的土著军官。

我来试一试，船长！

叽里呱啦……

那么，邦加里，他们见到我们高兴吗？

让我总结一下……

喵！

好吧，至少他们喜欢这只猫。

邦加里是第一个被书面记录为"澳大利亚人"的人。

# 新闻速递

19世纪的世界正如同蒸汽火车一样"全速前进"。

## 蒸汽时代

蒸汽机早在100年前就在英国被发明出来,这种燃煤装置正在为工业革命提供动力,它使劳动力从农场涌向工厂,工作在新式的蒸汽机车上。

## 日本打开国门

工业革命很快就席卷世界各地,尽管日本闭关锁国已经有两个多世纪了。1853年,日本重新打开国门,整个欧洲都为日本美丽的浮世绘和精美的瓷器所折服。

## 美国内战

年轻的美国发生了内战,造成60多万士兵死亡。亚伯拉罕·林肯总统领导的北方联邦州反对南方同盟州。南方各州多为奴隶制州,因此长达四年的内战(1861—1865)也是一场给予美国黑奴自由的战争。

查尔斯·达尔文

## 物种起源

科学也见证了一些重大突破——人们开始使用电,开始研究怎样抑制细菌。不过,一位年轻的博物学家对遥远太平洋岛屿的探访却带来了最具争议的思想,即生物进化论。

亚伯拉罕·林肯

# 化石燃料

**奇妙万物的一天**

欢迎来到1829年的英国——这个此时世界领先的工业国家！我呢，是一块叫作"焦炭"的加工煤。

我还有很多同伴！

我是用煤制成的，煤是3亿多年前的植物埋在地下形成的，这远远早于恐龙时代！与石油和天然气一样，煤也是一种化石燃料。

待会儿见！

我和我的伙伴们是这种尖端蒸汽机车的燃料。它的最高时速为每小时48公里！

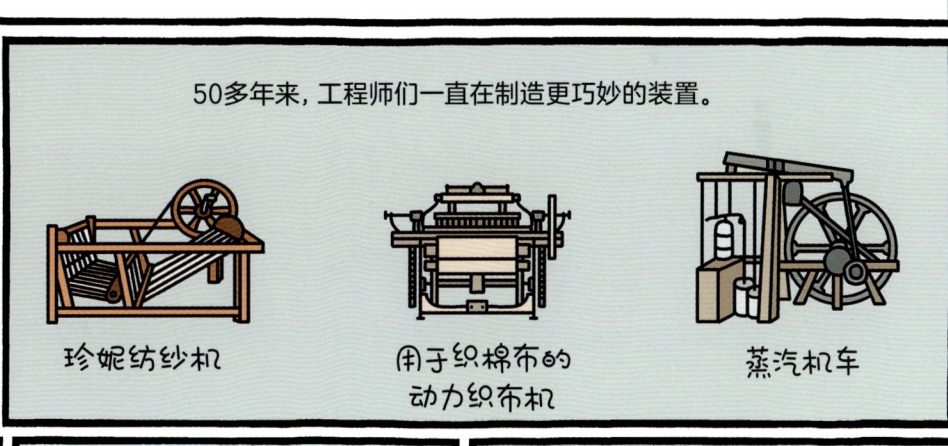

开放式车厢　储水器　燃料（我们就在这儿！）　锅炉炉膛　活塞　大烟囱

这辆蒸汽机车就是火箭号，是一个名叫罗伯特·斯蒂芬孙的人设计的。

铁路是英国工业革命的一部分，它以机器取代了人力和马力。

但我很可爱呀！
我也是啊！唉！

50多年来，工程师们一直在制造更巧妙的装置。

珍妮纺纱机　用于织棉布的动力织布机　蒸汽机车

现在很多人包括儿童都在工厂工作，而不是在田野和农场劳作。许多人年纪轻轻就死去了。

你长大后希望成为什么样的人？
活着就行……咳咳！

这些工厂燃烧大量脏乎乎的煤和焦炭。

烟尘弥漫！

不过，这就是我们的工作！

燃烧化石燃料不会造成伤害的，是吧？

参见第120页。

101

## 奇妙万物的一天 — 富士山

**嗨！现在是1832年，我是富士山，日本最高峰，也是一座火山。**

**我距离日本首都江户（现今的东京）约115公里，那里有100多万人口。**

**看看我的这些照片……是不是很漂亮呀？**

**这些画出自72岁的老艺术家葛饰北斋笔下。**
— 我越来越擅长画这个了！

**北斋把画刻在木板上，在上面刷上颜料，制作成彩色版画。**
- 最初的画
- 雕刻的木板
- 颜料与纸张
- 印刷！

**这些版画被称为"浮世绘"，通常描绘歌舞伎和其他一些普通人，一般商人喜欢购买。**
← 歌舞伎

**在江户时代的日本，商人被认为是最低阶层的人，即便他们是超级富豪。**
- 武士：我看不起他们所有人！
- 农民：我看不起他们……
- 艺术家和工匠：我看不起他……
- 商人：哼！

**当然了，每个人都必须仰望我，谁叫我是一座山呢！哪怕是日本的统治者幕府将军，他也不得不仰望我。**
— 哼！

**话说回来，这是北斋关于我的最有名的版画。**
《神奈川冲浪里》

**嗯，我想他本来可以把我画得更大一点儿的……我就说说而已！**
— 不好意思……

# 奇妙万物的一天 —— 象龟

我住在科隆群岛的一个小岛上。

1835年10月，在距离厄瓜多尔海岸900多公里的偏远火山岛上……

等一下！等一下！我很快就来了。

30分钟后……

嘿！你好！我是一只巨型陆龟，体形巨大、行动缓慢。

重量：250公斤
速度：每小时60米

科隆群岛当时叫"加拉帕戈斯"，在古老的西班牙语中意为"巨龟"。

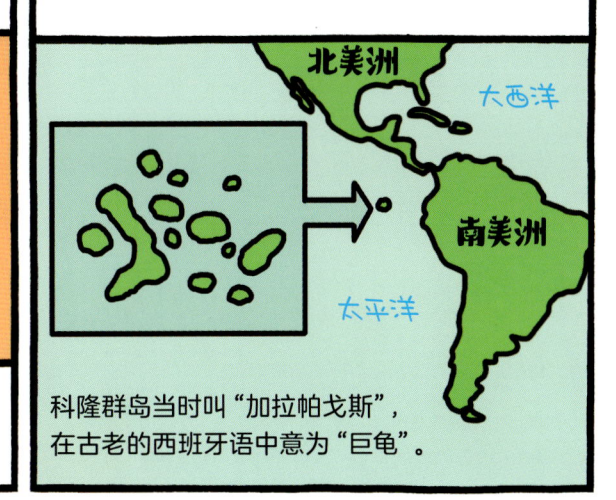

昨天，这里来了一艘名为贝格尔号的英国舰船。

很显然，它是风力驱动的。

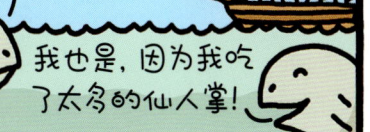

我也是，因为我吃了太多的仙人掌！

坦率地说，我很高兴看到这艘船前来。年轻的达尔文就在船上……

他就是查尔斯·达尔文！

但我们却称他为"杀手"，因为他总是在收集标本。

又有一个要送回伦敦了！

哎呀！

我无意中听说，达尔文惊讶地发现，这里有很多动物都是科隆群岛独有的。

海鬣蜥　　尖嘴地雀　　加岛环企鹅

而且，这里的岛屿上有一些物种既非常相似，又有所不同，就像这些鸣雀一样。

第一座岛：短喙
第二座岛：中喙
第三座岛：长喙

令人惊讶的是，其他一些岛屿上也有巨型陆龟，龟甲形状各异！

我 → 圆顶龟甲（我的岛）
完全是陌生龟 → 鞍背龟甲（另一个岛）

别以为我们很慢，其实达尔文花了24年时间才提出了进化论，用来解释这些差异是如何产生的。

是的，而且现在一个名叫阿尔弗雷德·拉塞尔·华莱士的小伙子也有同样的想法！

所以达尔文迅速出了一本书！

《物种起源》

可惜我还没有进化到足以阅读它的程度。

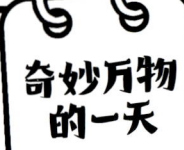

## 奇妙万物的一天 — 指引之星

你好！我是北极星，这会儿是地球上19世纪50年代初的某个时候。

闪耀吧！

我为地球上的人们在夜间指路……

我们朝那条路走，走向自由！

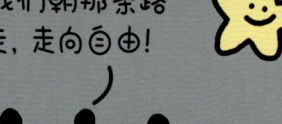

这些人当中也包括这个勇敢的女人——哈里特·塔布曼。

我的父母叫我阿拉敏达，简称"敏达"。

哈里特约1820年出生在美国马里兰州一个种植园的黑奴家庭。

即便只是一个小女孩，哈里特也受到了白人奴隶主的虐待，这给她留下了终生的伤害。

马里兰州位于宾夕法尼亚州以南，在宾州，曾经被奴役的人获得了自由。

1849年，哈里特试图前往宾夕法尼亚。

跟我来！

幸好不是阴天。

奴隶主重金悬赏要将她抓回，追捕的人四处寻找她。

哈里特通过秘密的"地下铁道"逃亡，这是由宗教人士和其他反对奴隶制的人建立起来的安全逃亡通道。这些秘密提供帮助的人被称为"向导"。

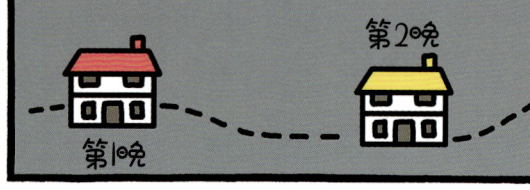

第1晚　第2晚　第3晚

到达安全的地方后，哈里特决定回去帮助其他被奴役的人们一起逃跑。

跟我来！

8年多来，哈里特也成了一名向导，利用"地下铁道"帮助多名黑奴逃生。

而且我从未弄丢过一个人。

哈里特于1913年去世。

哈里特是真正的"指引之星"。难怪美国计划把她的头像印在他们的20美元钞票上。

104

| 拓展知识 | # 悲惨的贩奴运动 |

可悲的是，奴隶制在整个人类历史中都很常见，几乎每个文化和文明都曾在某个时候有过奴隶制，包括北非阿拉伯国家和亚洲的有些国家，以及欧洲和美洲。400多年来，数以百万计的人被从非洲的家园劫走，淹没在横跨大西洋的贩奴三角贸易中。

奴隶们被用来交换欧洲的商品，如武器、布匹和金属。

然后，他们被运往加勒比地区、巴西和美国种植棉花、咖啡、烟草和甘蔗、甜菜等作物，这些作物收割后又被送回欧洲。

"奴隶"（slave）这个词来自"斯拉夫人"（slav），这个在中世纪通常被奴役的欧洲民族。

美国和英国都在19世纪早期废除了大西洋奴隶贸易。然而，奴隶制在美国和其他国家仍然持续了很多年，黑人面临歧视、偏见和暴力。20世纪中期，美国黑人和其盟友开展了轰轰烈烈的民权运动（参见第117页）。

105

# 微生物

**奇妙万物的一天**

欢迎来到19世纪60年代法国科学家路易斯·巴斯德在巴黎的实验室。

↑ 玻璃杯里的牛奶

不，不是这杯奶在说话哟，是牛奶中的一种微小的微生物在说话。

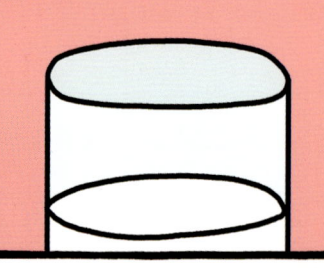

这里有数以百万计的微生物，有些能够让你们人类患上令人讨厌的疾病。

咯噜！咯噜！咯噜！

直到最近，人们仍然认为疾病只是"有害的空气"引起的。

你看起来很糟糕！
一定是我闻到了什么东西。

而好管闲事的巴斯德却想知道，微小的微生物是不是才是罪魁祸首。

嘿，只是个刚萌芽的想法而已！

事实上，阿拉伯学者阿维森纳早在1025年就向人们揭示了这一点。

我认为伤害你的正是你看不见的东西！

自从荷兰人安东尼·范·列文虎克在17世纪70年代发明了显微镜，情况就变得更糟了。

我能看到我嘴里微小的"活体生物"！
救命啊！我们被盯上了！

而现在，巴斯德这个大坏蛋不仅证明了我们的存在，而且还发明了摧毁我们的方法！

我的实验就是在特殊的烧瓶中煮沸肉汤。
哎呀！我们真的在汤里面哪！

他的方法被称为"巴氏消毒法"，这是一种采用低温加热杀灭我们微生物的方法。

而不是让它们杀掉我们！
这不公平！

最糟糕的是，现在我们中的一些"细菌"也被发现了，而人类也会找到新的方法对付我们。

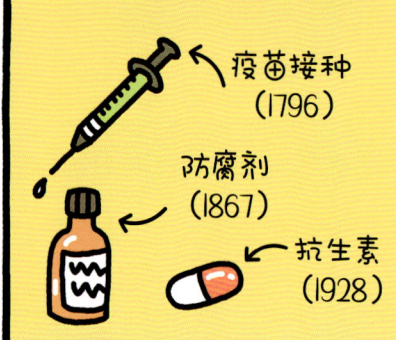

← 疫苗接种（1796）
← 防腐剂（1867）
← 抗生素（1928）

哈！是时候喝上午的牛奶了……
我们复仇了！

我得先对牛奶进行巴氏杀菌。
啊！

| 拓展知识 | # 面向未来 |

我们生活在一个高科技的世界里,但令人惊讶的是,许多现代机器和小物品实际上都源于19世纪科学家们的奇思妙想!

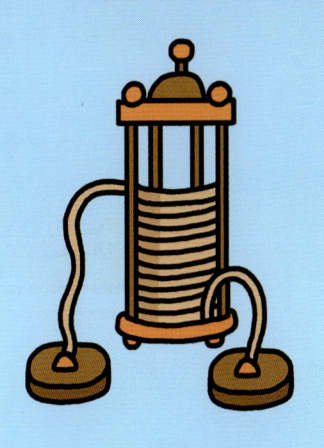

电池
(亚历山德罗·伏打,1799)

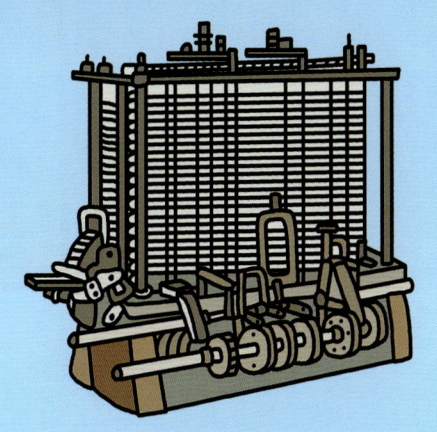

机械式通用计算机
(查尔斯·巴贝奇,约1837)

平底纸袋
(玛格丽特·奈特,1868)

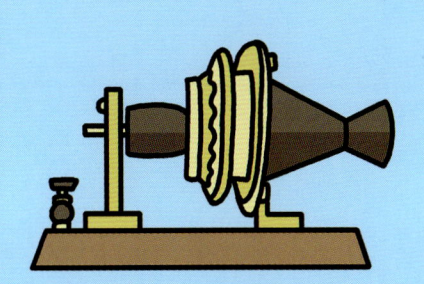

电话
(亚历山大·格雷厄姆·贝尔,1876)

白炽灯泡
(托马斯·爱迪生,1879)

汽车
(卡尔·本茨,1885)

洗碗机
(约瑟芬·科克伦,1886)

自动电梯门
(亚历山大·迈尔斯,1887)

活动电影机
(卢米埃尔兄弟,1895)

# 新闻速递

从20世纪初期开始，世界就像旋风一般快速发展，唯一不变的就是变化本身。

## 权利平等

奴隶制在美国和英国已被废除，但种族偏见仍然存在。女性也尚未实现与男性平等，但新西兰在1893年向前迈出了一大步。

我们要平等！

## 世界大战

1914年，欧洲爆发了一场战争，战火迅速波及全球。这场世界大战以1918年德国投降而告终，然而20多年后，德国又点燃了第二次世界大战的战火。

## 俄国革命

在第一次世界大战期间，俄国沙皇专制统治被推翻，建立了苏维埃社会主义共和国联盟。而在德国，法西斯主义恶性发展，推动了纳粹德国的崛起，并导致了1939至1945年的第二次世界大战。

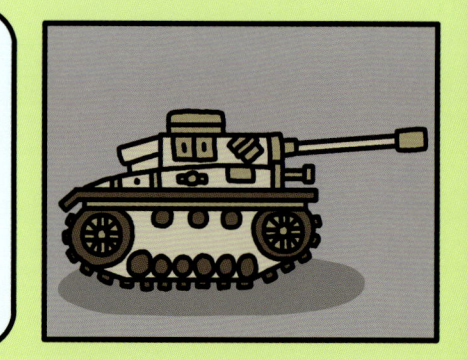

## 20世纪和21世纪的技术

幸运的是，人们拥有了电影、电视、广播和录音带这些娱乐消遣，陪伴他们度过困难时期。而所有这一切，我们今天都可以通过一种小型的手持设备来获取。

## 奇妙万物的一天 — 白色山茶花

你好！现在是1893年9月19日，我是一朵白色山茶花。

而这位名叫凯特·谢泼德的女性，正成为一个崭露头角的传奇！

多亏了凯特，她所居住的国家新西兰*才成为世界上第一个女性享有选举权的国家！

惠灵顿，议会所在地（也是今新西兰的首都）

*当时，新西兰是英国的殖民地。

---

过去，只有21岁以上的男性才能在新西兰的议会选举中投票。

凯特和一群妇女参政倡议者向议会发起请愿，呼吁授予女性选举权。

海伦·尼科尔　埃达·韦尔斯　哈里特·莫里森　埃米·达尔迪

---

她们征集了3万多人的签名，请愿书大到不得不用手推车来递交！

> 为推动女性平等权利尽最后的努力，呼！

多亏了妇女参政倡议者梅利·特泰·曼戈卡西亚，新西兰原居民毛利妇女也获得了选举权。

> 好吧，是我们先来的……*

*参见第67页。

议会中的男性议员佩白色山茶花（就像我一样！）表示支持。

> 我们是最好的哥们儿！

---

反对妇女参政者则佩红色山茶花，表示他们反对女性获得选举权。

> 我的花是红色的——我的脸也是红色的！哼！

但是反对者失败了，于是世界上其他地方不得不迎头赶上！

女性获得选举权时间表：
- 英国　1918年
- 美国　1920年
- 法国　1944年
- 日本　1946年
- 印度　1947年
- 瑞士　1971年
- 沙特阿拉伯　2015年

凯特现在正身穿短灯笼裤骑自行车来庆祝。

> 穿裤子的女人？好大的胆！

109

# 战犬的秘密日记

这是1914年第一次世界大战期间，英国陆军吉祥物战犬"罗利"在法国战壕中的日记。

汪汪！

## 12月22日

汪！我们在法国西线战壕里的情况是：天寒地冻、潮湿难耐、泥泞不堪，而德军就躲在我们前方30米远的战壕里，整天不停地扔炸弹、射击。当然了，我的主人和他的战友们以牙还牙，而我也展开了捕杀行动。今天，我抓了6只大老鼠，得到了几罐牛肉罐头作为奖励——成功！

我的战利品

（真好吃！）

## 12月23日

真庆幸我只是一只小狸犬，可以安全地待在我们战壕2米以下的地方。我的主人休息了一下，从他的制服中捉出虱子。这时，接替主人的士兵被一名德国狙击手击中，医疗兵把他抬走了。主人默默地擦拭着他的步枪。我又弄死了3只老鼠，但我不确定这是否能让他振作起来。

我们的战壕

我的战利品

## 平安夜

今天早上，有人在天空中发现了一个快速移动的红色物体，开玩笑说这是圣诞老人早早出发准备分派礼物呢。不幸的是，这是一架德国战斗机，于是大家对它一阵乱射。不过，我的主人的确有一份早到的圣诞礼物，是家里送来的一只罐子，里面装有糖果、沙丁鱼和饼干。他和我分享了一些食物！

德国双翼战斗机

家里寄来的圣诞礼物

我的战利品

（真好吃！）

## 圣诞节

令人惊讶的是，这一天以歌曲开启！黎明刚过，就能听到德国人唱着颂歌，我们这边接着也唱了一首。这时，一个德国士兵的声音传来，说着一口地道的英语："圣诞快乐！想要休战吗？要不歇一天再打？"好吧，长话短说，双方战壕里的士兵们在中间的无人区碰了头，相互握手并交换了小礼物。还有一些人甚至踢起了足球，另外一些人则分享了他们家人的故事。

不管军官们怎么说，德国士兵似乎和我们一样，真的。最棒的是，午夜我们回到各自的战壕之前，德国士兵们还拍了拍我的肚子，给了我一些香肠。没那么糟糕！

我的战利品

（好吃极了！）

## 奇妙万物的一天：电影剧作家

1927年，加利福尼亚洛杉矶，一个年轻人忧心不已……

是的。我担忧得几乎无法用语言描述，真讽刺啊。这一切的原因是……

一部名为《爵士歌王》的电影刚刚上映，它是世界电影史上第一部有声电影。

这部电影大受欢迎，尽管它只有两分钟的对白，包括下面这句经典台词……

"你不会什么也听不到！"

没错！在有声电影出现之前，无声电影使用插卡字幕展示对话。

女：哇，我们在电影中！
男：我无言以对！

此外，无声电影还有现场音乐做伴奏。

——他弹得实在是太糟糕了！

无声电影催生了一大批巨星。

- 世界第一位电影巨星 查理·卓别林
- "电影女王" 玛丽·皮克福德
- 狗狗明星 林丁丁

尽管有声电影配音听起来与电影不太匹配……

喵？
停！你被解雇了！

许多无声电影时代的明星依然失去了工作。

此外，电影制片厂还让洛杉矶的好莱坞出了名。

（好莱坞庄园）HOLLYWOODLAND

该标牌的"庄园（LAND）"字样于1949年被移除。

不过，我的工作是写插卡字幕，所以现在我需要构思一部极具轰动效应的电影。

呃，但是写什么呢？

"恐龙从主题公园逃脱"？这太疯狂了！你被解雇了！

剧终

**奇妙万物的一天** — 一瓶鸡汤

你好！现在是1932年5月20日，我是一瓶温热的鸡汤。很平淡无奇，对吧？

大错特错！我是了不起的美国飞行员阿米莉亚·埃尔哈特的食物。

阿米莉亚正尝试驾驶这架亮红色的大鸟，成为独自飞越大西洋的首位女性。

洛克希德·维加5B

早在1922年，阿米莉亚就驾机飞上4 300米的高度，成为世界上飞行高度最高的女性！

在开放式驾驶舱飞机上，哟嗬！

1928年，阿米莉亚因成为第一位飞越大西洋的女乘客而声名鹊起。

这次旅行花了20小时40分钟！

1931年，她成为首位驾驶自转旋翼机的女性。

我要让它转起来！

受传奇飞行员们影响，公众陷入了飞行狂热。

奥维尔·莱特和威尔伯·莱特
首次动力飞行
（1903）

路易·布雷里奥
首次飞越英吉利海峡
（1909）

贝西·科尔曼
第一位非裔女飞行员
（1921）

查尔斯·林德伯格
首次跨大西洋单人飞行
（1927）

如果阿米莉亚和我今天能克服寒冷穿过这些厚厚的云层，那么她也会成为传奇。

再来点儿鸡汤！啧啧！

起飞后整整14小时56分钟，我们降落在北爱尔兰的一片田野里。

你是从很远的地方来的吗？

刚从美国来！

多亏了这瓶鸡汤，我成了第一个两次飞越大西洋的人！

现在谁还说鸡汤不好？

不幸的是，1937年，阿米莉亚在环游世界飞行时失踪。

## 奇妙万物的一天 — 字母 "V"

**你好！现在是1941年夏天，这里是法国农村的一个小镇，我是一个字母"V"。**

**这个纳粹军官见到我肯定不高兴。**

**目前，纳粹德国及其轴心国正在占领北欧的大部分地区。**

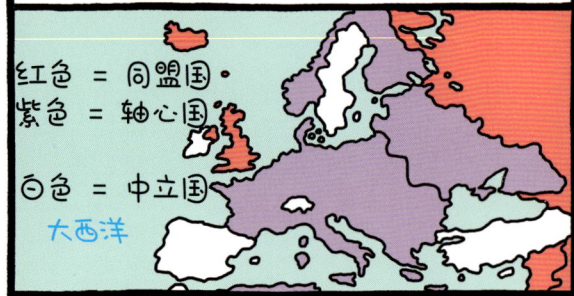

红色 = 同盟国
紫色 = 轴心国
白色 = 中立国
大西洋

**1939年，德国入侵波兰，法国、英国和其他同盟国对德国宣战。**

**纳粹德国在元首阿道夫·希特勒的领导下，正在实施残酷的军事统治。**

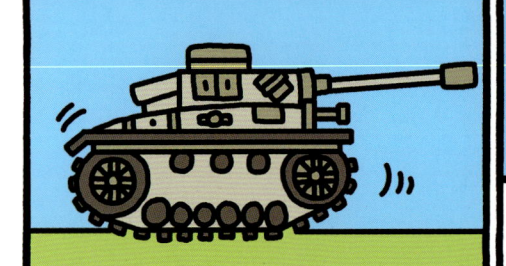

**我是一个勇敢的反纳粹涂鸦。**

— 不错吧！

**"V"代表着"胜利"和"反抗"。**

**勇敢的法国人民也有意针对纳粹搞破坏，并展开了武装抵抗。**

**纳粹德国占领法国时，法国兵工厂不得不为他们工作。**

**英国军事机构提供了大力支持。**

- 安排秘密航班转运特工进出法国
- 开通无线通信
- 定期空投武器和弹药

**英国的科研人员还提供了一些伪装巧妙的炸弹。**

煤块炸弹
老鼠炸弹
肥皂炸弹

**然而，纳粹德国对这些抵抗进行了残酷的报复。**

**人们被杀害，村庄也被摧毁。**

**但是，他们却扼杀不了自由的精神。**

— 我们绝不投降。

**我只是用粉笔书写的，纳粹可以把我擦掉，但却不能消除我所代表的精神。**

**1945年5月，欧洲终于迎来了胜利。**

| 拓展知识 | # 战争与和平 |

第一次世界大战（1914—1918）本应成为一场"结束所有战争的战争"。然而仅仅20多年后，1939年，纳粹德国入侵波兰，世界又重燃战火。第二次世界大战是同盟国和轴心国之间的战争。同盟国主要是英国和法国，到了1941年，又增加了美国和苏联。轴心国则主要是德国、意大利和日本。这场战争持续了6年，在全世界造成7 000多万人死亡。

## 独裁者

德国独裁者阿道夫·希特勒（曾在第一次世界大战中作战）想重兴战败的德国。可悲的是，他却选择了战争、入侵、盗窃和大规模杀戮这条道路。

## 大屠杀

纳粹迫害了很多人，包括吉卜赛人、斯拉夫人和犹太人。600万犹太人，无论男女老少，都在集中营被有组织地杀害了。这就是我们今天所知的大屠杀。

## 原子弹

1945年8月，美国向日本广岛和长崎投下了原子弹。成千上万的平民丧生，日本投降，第二次世界大战结束。

## 联合国

总部设在纽约的联合国是第二次世界大战后由同盟国成立的一个组织，意在防止这种战争暴行再次发生。

## 奇妙万物的一天 — 一支粉笔

**吱吱! 吱吱! 吱吱!**

翻译: 你好! 现在是1962年, 我是一支粉笔!

**吱吱! 吱吱! 吱吱!**

翻译: 这是凯瑟琳·约翰逊!

凯瑟琳用我在黑板上演算宇宙飞船飞行计划所需的数学……好复杂!

她很聪明, 人称"人脑计算机"。

但我可不需要插电!

她为美国国家航空航天局(NASA)工作, 航天员的太空生活是否顺利取决于她的计算是否正确。

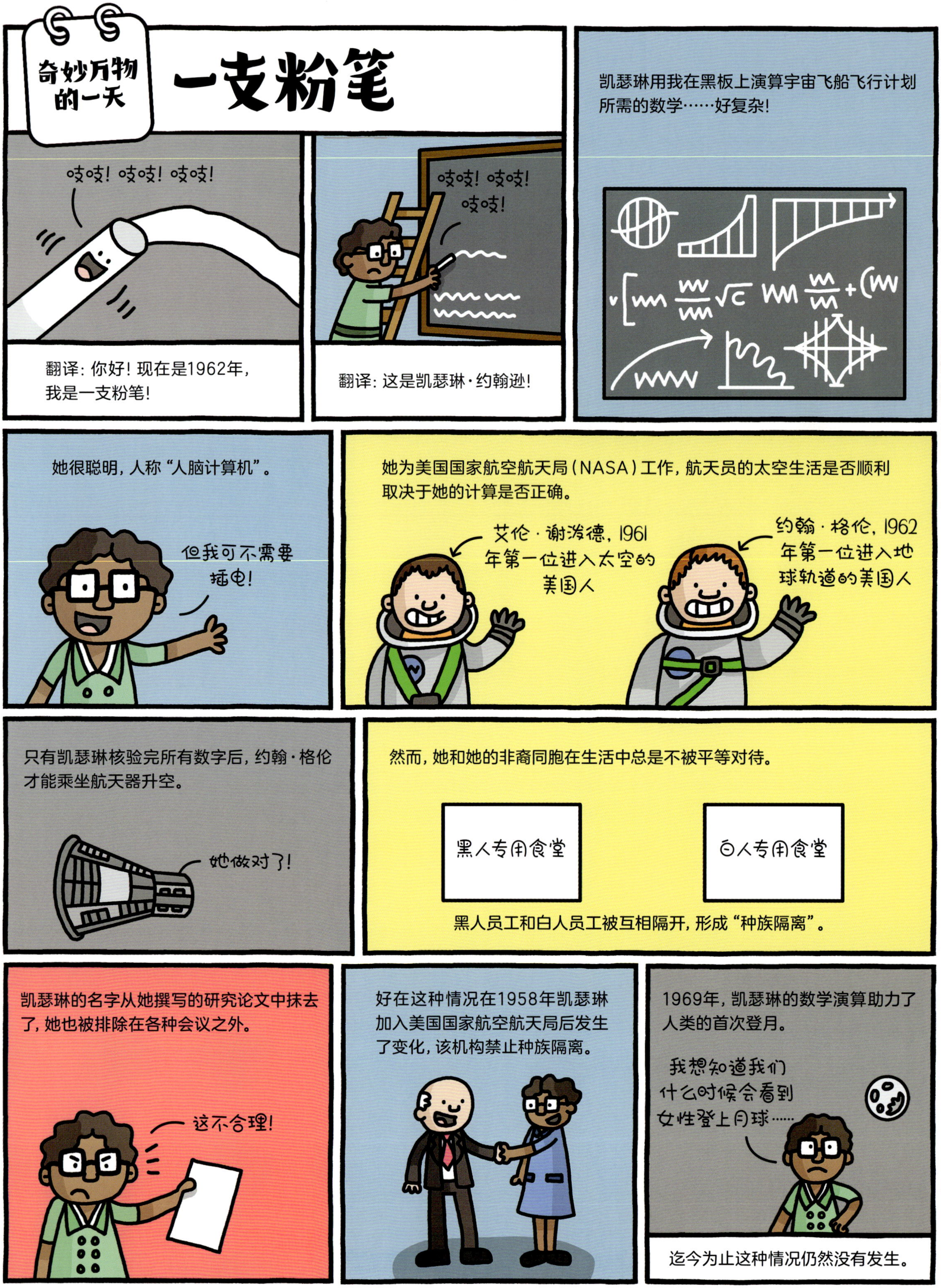

艾伦·谢泼德, 1961年第一位进入太空的美国人

约翰·格伦, 1962年第一位进入地球轨道的美国人

只有凯瑟琳核验完所有数字后, 约翰·格伦才能乘坐航天器升空。

她做对了!

然而, 她和她的非裔同胞在生活中总是不被平等对待。

黑人专用食堂    白人专用食堂

黑人员工和白人员工被互相隔开, 形成"种族隔离"。

凯瑟琳的名字从她撰写的研究论文中抹去了, 她也被排除在各种会议之外。

这不合理!

好在这种情况在1958年凯瑟琳加入美国国家航空航天局后发生了变化, 该机构禁止种族隔离。

1969年, 凯瑟琳的数学演算助力了人类的首次登月。

我想知道我们什么时候会看到女性登上月球……

迄今为止这种情况仍然没有发生。

| 拓展知识 | # 美国黑人民权运动 |

1865年，美国废除了奴隶制，但这并没有结束对黑人的歧视。近一个世纪后，美国黑人开启了一场争取权利平等的斗争，这就是著名的美国黑人民权运动。

## 罗莎·帕克斯

1955年12月，在亚拉巴马州蒙哥马利市，一位名叫罗莎·帕克斯的女士结束了一整天的工作后，乘坐公交车回家。当时的种族隔离法规定，罗莎必须坐在公交车靠后的位置，她也的确是这样做的。这时，公交车司机命令罗莎为一名白人男子让座，她拒绝了，然后被捕。罗莎的行动点燃了美国黑人要求平等权利的呼声。

## 马丁·路德·金

受到罗莎抗议的鼓舞，牧师马丁·路德·金组织了一场抵制蒙哥马利公交车的运动，并进一步领导了呼吁权利平等的非暴力抗议活动。1963年，他在美国首都华盛顿组织集会。正是在这里，他发表了著名的"我有一个梦想"演讲，成为追求人人平等权利和自由的象征。第二年，民权法案得以签署。

> 人人皆有权在任何场所或地点不受任何形式的歧视或种族隔离。

## 1964年的民权法案

1964年，美国总统林登·约翰逊签署了民权法案，包括马丁·路德·金在内的民权运动领袖在现场见证了这一过程。该法案禁止在公共场所实行种族隔离，并禁止在工作场所的歧视。

## 奇妙万物的一天 — "海鸥"

你好！欢迎来到1963年的苏联。我是一只真正的海鸥，而你想要的那只"海鸥"却在天上。

是的，我是航天员瓦莲京娜·捷列什科娃，代号"柴卡"*。

*"海鸥"的俄语名称。

在距离地球160公里处的高空，我乘坐东方6号共飞行70小时50分钟。

东方6号于1963年6月16日发射。

在绕行地球48圈后，我在向上弹射7 000米后，跳伞返回地球！

← 我　　← 太空舱

苏联正在与美国进行太空竞赛，而目前我们似乎更有胜算。

斯普特尼克1号
世界上第一颗人造地球卫星 (1957)

莱卡
第一只绕地球轨道运行的狗 (1957)

尤里·加加林
第一位进入太空的人 (1961)

到目前为止，美国人已经将许多动物送入太空……

果蝇　猴子　老鼠　黑猩猩

以及他们的第一位航天员。

↑ 艾伦·谢泼德，1961年

而且他们计划在1970年之前登陆月球。

最终他们于1969年7月20日成功登月。参见第116页。

但我是第一个在太空中飞行的女性！尽管食物让我不舒服，也没有人为我带上牙刷。

我也没有告诉妈妈我的去向，她是看电视才知道的！

嗨，妈妈！

瓦莲京娜？！

现在我回到地球了，但我迫不及待地想再次去太空！

2013年，76岁的瓦莲京娜自愿报名参加未来的火星探险。

# 智能手机

**奇妙万物的一天**

嘿！我是一只现代的智能手机。你能借我用一只手吗？或者至少一根手指？

谢谢！

指纹识别于2004年应用在手机上。

来看看我的各类功能及它们第一次亮相的时间！

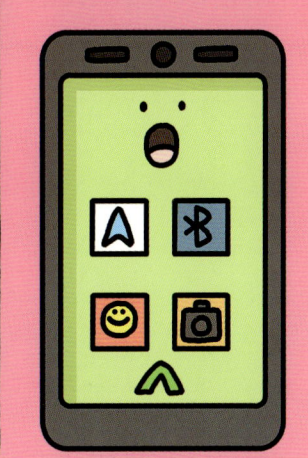

触摸屏（1992）
GPS卫星导航（1999）
相机（2000）
蓝牙（2001）
无线充电（2012）

---

我个头不大。摩托罗拉工程师马丁·库珀1973年开发的第一款无线手持手机，有一块砖头那么大，重达1.1公斤！

帮帮忙！接线员！我的手机太重了！

不可思议的是，早期的手机只能用来通话。

我在火车上！ 我们知道！

短信（SMS）于1992年推出。

我在火车上！

短信就是"短信息服务"。

---

许多人认为，第一款智能手机于1994年问世，它是IBM（国际商业机器公司）的"西蒙"型号。

一小时电池续航时间——哇！

可以拨打电话、发送短信和电子邮件——哇！

20厘米长

然而，直到1996年，一款可以上网的手机才出现。

诺基亚"通讯器"

这个网络是由蒂姆·伯纳斯-李于1989年发明的。

太棒了！

---

如今，通过智能手机，信息世界对于35亿使用者来说触手可及。

嗯……我想我要查查这个数字……

并不是所有的智能手机用户都很聪明……

哎呀！掉了！
救命啊！

据称，19%的手机损坏是因为掉进了马桶里！

幸运的是，还有其他方法去探究事物……

图书馆

有关于历史的书吗？ 当然！

119

# 碳原子

**奇妙万物的一天**

环绕地球的大气层中到处都有我们的身影，而且我们的数量一直在增长。

---

嗨! 欢迎来到高空中的某个地方。我是一个碳原子。

嘿! / 什么?!

---

好吧，我实际上是二氧化碳（CO₂）气体分子的一部分，和我一起的还有这些氧原子。

哼! / 这还差不多。

---

好美的星球!

是的，它有一个迷人的大气层。就是有点儿暖和……

---

这是因为自250年前的工业革命以来，人类一直在燃烧石油、天然气和煤等化石燃料。

还记得我吗？

参见第101页。

---

当焦炭燃烧时，其中的碳以二氧化碳气体分子的形式释放出来，就像我一样。

终于自由了!

只有我一个人觉得这里很热吗?

---

二氧化碳与水蒸气和甲烷的混合物被称为"温室气体"。

太阳的热量被困在里面

---

几个世纪以来，人类的发明都在增加二氧化碳的含量。

电灯和取暖器　　交通运输工具　　工业与建筑

---

集约化养殖也使得牲畜放屁和打嗝产生的甲烷气体（CH₄）有所增加。

哎呀! 不好意思!

---

所有的这些气体都会导致全球气候变暖，这是当今世界面临的最紧迫的问题之一。

我不舒服……太热了。

---

一个也可以使全体人类成为历史的问题……

为气候而罢工!

---

但幸运的是，人类有很多聪明的"绿色"解决方案。祝你们好运!

风力发电　　太阳能发电

植树造林　　智慧的头脑

## 奇妙万物的一天 — 未来

你好！我是未来的一个片段。

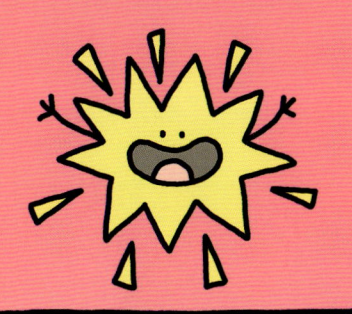

历史永远不会停止，所以，谁知道我可能是什么吗？

读完这本书，你已经看到了许多发生在过去的事情。

所以，我可能是坏事，也可能是好事，或者是……

智慧的事！

你也很可能会缔造未来的历史。因此，请继续想象一些尚未发生的事情吧。

？？？

？？？

哇，好期待！祝你拥有美妙的一天！再见啦！

**再见！**

再会！

感谢阅读！

# 词语表

是不是发现一天之内发生了很多事情,同时还有很多新词需要学习?本表对你可能遇到的一些稍难的词语做了简要解释。

### 冰期

地球表面和大气层的温度下降的时期,在这一时期,巨大的冰川覆盖了地球的大片区域。在地球历史上出现过好几次冰期,最近的一次冰期在大约1万年前结束。

### 刺绣

一种将图案绣在织物上的手工艺。

### 堤坝

一种由土堤和壕沟构成的防御工事,古不列颠为防御盎格鲁-撒克逊人而建。

### 帝国

统治者所控制的大片地区和土地。

### 法西斯主义

一种认为国家的力量比人民的福祉更重要的政治信念。法西斯政府使用暴力和强权进行统治。阿道夫·希特勒就是一个法西斯领袖。

### 佛教

一种基于佛陀教义的宗教,始于2 500多年前的古印度。

### 革命

夺取政权、建立新制度的剧烈变革,通常由被压迫者点燃革命之火。例如,在18世纪,法国和美国就爆发了革命。

### 公民权利

统治者或政府赋予其公民的权利,包括选举权、受教育权等。纵观各国历史,人们一直为寻求平等的公民权利而奋斗。20世纪50年代,美国黑人开展了非暴力民权运动,要求给予美国黑人与美国白人同等权利。

## 工业革命

18世纪末到19世纪中叶,在欧洲和美国,人们从乡村迁移到城市,生产方式也从手工制作转变为工厂制造。

## 灌溉

向农田引水,以帮助作物生长。

## 贵族

拥有较高社会地位的人,通常享有财富和特权。

## 化石燃料

古代动植物的遗骸掩埋在地下所形成的燃料。煤、天然气和石油都是化石燃料。

## 进化

简单的生命形式随着时间的推移而适应和变化的进程,它创造了今天世界上数以百万计的生物。

## 考古学家

研究远古人类遗留物的人,以此了解过去人类的生活方式。

## 灭绝

一个物种的最后一个个体死亡。

## 税收

劳动者向政府或统治者支付的一笔钱。税收通常用于帮助政府拨款给某些机构(例如学校或警局),或用于改变人们的行为(例如,停止吃不健康的食物)。

## 天主教

基督教最古老的分支,信奉《圣经》。教皇是天主教会的领袖。

## 微生物

形体微小的生物,包括细菌、藻类、真菌和病毒。大多数对地球生命至关重要。

## 瘟疫

一种由细菌、病毒等引起的致命疾病。14世纪在欧洲大陆暴发的黑死病,导致数千万欧洲人死亡。

## 文化

同一群人拥有同样的生活方式,包括语言、服装、音乐、美术、信仰、习俗、食物和宗教等。

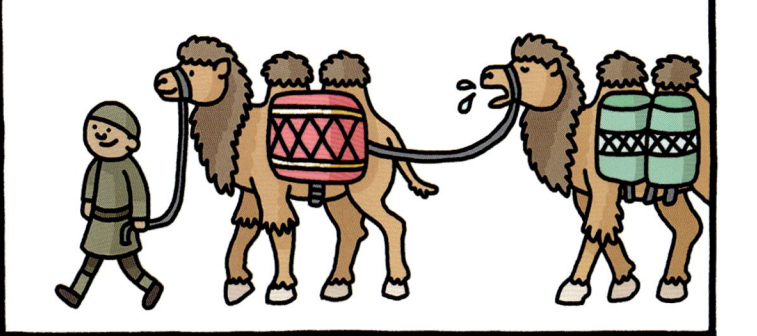

### 文明

生活在庞大而完善的环境,例如城镇或城市中的一群人。这些人拥有共同的语言和文化,并建立了农业体系和政府体系等。

### 文艺复兴

"复兴"在法语中意为"重生",指14世纪至16世纪欧洲的一段时期,是一个思想自由、艺术与科学飞速发展的伟大时代。

### 象形文字

在书写系统中用图画或符号代表文字,例如古埃及的文字。

### 新教

基督教的一个分支,遵循《圣经》的教义。16世纪,想要脱离天主教会的教徒建立了第一批新教教堂。这场运动被称为宗教改革运动。

### 驯化

长期人工饲养或培育野生动物、植物,以使其成为家养动物或栽培植物的过程。

### 伊斯兰教

世界上的主要宗教之一,信奉《古兰经》。伊斯兰教徒被称为穆斯林,清真寺是他们举行宗教活动的场所。

### 印度教

世界上最古老的主要宗教,其历史可以追溯至3 000多年前。印度教崇尚多神信仰,并相信人的灵魂会在死后重生。

### 游牧民

从一个地方迁徙到另一个地方,而不是生活在固定地方(例如城镇)的人。

### 殖民

强国向它所征服的地区移民,并宣称他们占领的土地归属于他们所有。

### 种族隔离

不同种族的人被分隔开的一种状态。通常,这意味着一群人受到不公正的对待或歧视。

### 自动机械

即"机器人"。

# 关于作者

迈克·巴菲尔德和杰丝·布拉德利每天都在做什么呢？下面会告诉你哟！

迈克·巴菲尔德是一位作家、漫画家、诗人和表演艺术家，居住在英格兰北约克郡的一个小村庄。每天，他都坐在一大堆乱糟糟的书中间，趴在书桌上写写画画。他希望他创作的东西能让人们开怀大笑。他经常会一边创作，一边一杯接一杯地喝茶。

杰丝·布拉德利是来自英国托尔坎的插画家和漫画艺术家。除了为《凤凰》杂志撰稿并绘制插画外，她的作品还被收录进畅销儿童漫画杂志《比诺》，同时她还为一系列儿童读物绘制插画。在她的一天里，她喜欢在素描本上画画，看恐怖电影，或是在《马力欧赛车》游戏中败在儿子手下。

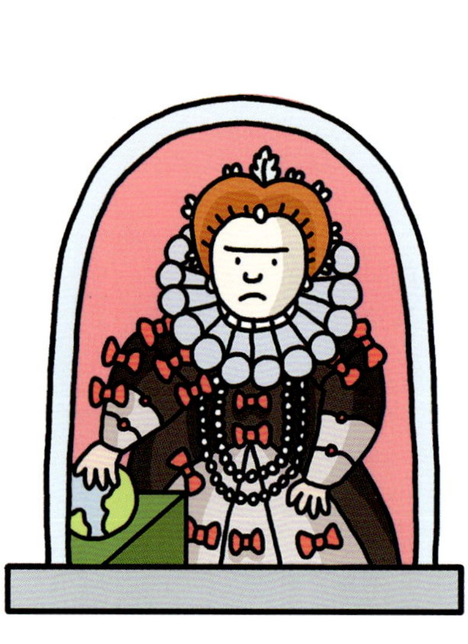